Jean Foy Vaillant

Series nummorum antiquorum familiarum ac imperatorum

Jean Foy Vaillant

Series nummorum antiquorum familiarum ac imperatorum

ISBN/EAN: 9783742814104

Manufactured in Europe, USA, Canada, Australia, Japa

Cover: Foto ©Andreas Hilbeck / pixelio.de

Manufactured and distributed by brebook publishing software (www.brebook.com)

Jean Foy Vaillant

Series nummorum antiquorum familiarum ac imperatorum

NUMMI ANTIQUI
FAMILIARUM ROMANARUM.

ABURIA.
Gerp.   Caput Romae galeatum.
     C. Aburius. Rome.   Mars in quadrigis d. trophaeum s. hastam.

ACILIA.
Salutis.   Caput muliebre laurea ornatum.
M. Acilius III. Vir Valetu. Mulier stolata stans d. serpentem s. columnae innixa.
S.   Caput Æsculapii barbatum & laurea insigne.
M. Acili. Roma. S. Rostrum Navis.
Caput Romae galeatum in circulo circa quem M. Acilius. M. F.
Jupiter, Feretrius nudus in quadriga d. fulmen s. trophaeum.

AELIA BALA R.   Caput Junonis.
C. Alli.   Diana Lucifera in curru ducorum cervorum d. habenas s. facem accensam, in imo spica demissa.

ÆMILIA. Roma.   Caput Veneris Victricis laureatum.
M. Æmilio Lep.   Pons cum tribus fornicibus super quem statua equestris d. hastam.
Paullus. Lepidus. Concordia. Caput muliebre velatum.
Ter. Paullus.   Trophaeum, cui dextram apponit figura togata; ex adverso a dextris stans Perses, & duo ejus filii manibus post terga retinctis.

AFRANIA.
Caput Romae galeatum.
S. Afra. Roma.   Victoria in bigis d. flagrum s. equorum habenas.

ANTESTIA.
Orm.   Caput Romae galeatum.
L. Antes. Roma.   Jupiter fulminator in quadrigis.

ANTIA.
Dei Penates. Capita duorum Juvenum sociata.
C. Antius C. F.   Hercules gradiens d. erectam clavam, s. trophaeum gerit.

ANTONIA.
M. Ant. Imp. Aug. III. Vir. R. P. C. M. Barbat. Q. P.   Caput Antonii.
Caesar. Imp. Pont. Cos. III. Vir. R. P. C.   Caput Caesaris.
Caput Antonii pope quod lituus.
M. Antonius III. Vir. R.P.C.   Caput Juvenile comatum corona radiata insigne.
III.Vir.R.P.C.   Caput Concordiae velatum.
M. Antons. C. Caesar.   Duae dexterae mutuantes caduceum.
III.Vir.R.P.C.   Caput Victoriae.
Antoni. Imp.   Leo gradiens.
S. C.   Caput Jovis barbatum & laureatum.
Q. Anto. Balb. PR.   Victoria in quadrigis d. palmam s. coronam. In area Q.

Ant. Aug. III. Vir. R. P. C.   Navis cum remis.
Leg. . . .   Aquila legionaria inter duo
   signa militaria.
Ant. Aug. III. Vir. R. P. C.   Navis cum remis.
Leg. II.   Aquila legionaria inter duo
   signa militaria.
Ant. Aug. III. Vir. R. P. C.   Navis cum remis.
Leg. III.   Aquila legionaria inter duo
   signa militaria.
Ant. Aug. III. Vir. R. P. C.   Navis cum remis.
Leg. IV.   Aquila legionaria inter duo
   signa militaria.
Ant. Aug. III. Vir. R. P. C.   Navis cum remis.
Leg. V.   Aquila legionaria inter duo
   signa militaria.
Ant. Aug. III. Vir. R. P. C.   Navis cum remis.
Leg. VI.   Aquila legionaria inter duo
   signa militaria.
Ant. Aug. III. Vir. R. P. C.   Navis cum remis.
Leg. VII.   Aquila legionaria inter duo
   signa militaria.
Ant. Aug. III. Vir. R. P. C.   Navis cum remis.
Leg. VIII.   Aquila legionaria inter duo
   signa militaria.
Ant. Aug. III. Vir. R. P. C.   Navis cum remis.
Leg. VIIII.   Aquila legionaria inter duo
   signa militaria.
Ant. Aug. III. Vir. R. P. C.   Navis cum remis.
Leg. X.   Aquila legionaria inter duo
   signa militaria.
Ant. Aug. III. Vir. R. P. C.   Navis cum remis.
Leg. XI.   Aquila legionaria inter duo
   signa militaria.
Ant. Aug. III. Vir. R. P. C.   Navis cum remis.
Leg. XII.   Aquila legionaria inter duo
   signa militaria.
Ant. Aug. III. Vir. R. P. C.   Navis cum remis.
Leg. XIII.   Aquila legionaria inter duo
   signa militaria.
Ant. Aug. III. Vir. R. P. C.   Navis cum remis.
Leg. XV.   Aquila legionaria inter duo
   signa militaria.
Ant. Aug. III. Vir. R. P. C.   Navis cum remis.
Leg. XVI.   Aquila legionaria inter duo
   signa militaria.
Ant. Aug. III. Vir. R. P. C.   Navis cum remis.
Leg. XVII.   Aquila legionaria inter duo
   signa militaria.
Ant. Aug. III. Vir. R. P. C.   Navis cum remis.
Leg. XVIII.   Aquila legionaria inter duo
   signa militaria.
Ant. Aug. III. Vir. R. P. C.   Navis cum remis.
Leg. XX.   Aquila legionaria inter duo
   signa militaria.
Ant. Aug. III. Vir. R. P. C.   Navis cum remis.
Leg. XXII.   Aquila legionaria inter duo
   signa militaria.
Ant. Aug. III. Vir. R. P. C.   Navis cum remis.
Leg. XXIII.   Aquila legionaria inter duo
   signa militaria.

              Kar.

FAMILIARUM ROMANARUM. 3

Ant. Aug. III. Vir. R. P. C.   Navis cum remis.
Leg. XII. Antiquæ.   Aquila legionaria inter duo
signa militaria.
Ant. Aug. III. Vir. R. P. C.   Navis cum remis.
Leg. XVIII. Libur.   Aquila legionaria inter duo
signa militaria.

AQUILIA.
Victor III. Vir.   Caput virtutis galeatum.
M. Aquil. M. F. M. N. in imo. Sicil.   Vir paludatus d. cubitum molierem genuflexam, & procumbentem s.
clypeum gerit.
Caput Apollinis radiatum sub imagine folii.
M. Aquil. in imo Roma.   Dea in biga cum astro
bicorni & tribus stellis.

ATILIA.
Saran.   Caput Romæ galeatum;
M. Atil. in imo Roma.   Dioscuri decurrentes
in equis cum hastis.
Caput Romæ galeatum.
SAR. in imo Roma.   Biga Victoria surgante.

BAEBIA.
Tampil.   Caput Romæ galeatum.
M. Baebi. Q. F. Roma.   Apollo nudus cum
ftrophio in quadrigis currentibus d. fulmen, s. arcum & habenas equorum.

CAECILIA.
Q. Metellus Pius.   Caput Neptuni laureatum &
barbatum.
Scipio Imp.   Elephas.
Q. Metel. Scipio Imp.   Caput Africæ Elephanti propositæ oreatum ante quod spica in imo Atatrum.
Eppius Leg. F. C. idest fieri curavit.   Hercules d ad femur
appositæ humero clava sinistra cum spoliis leonis.
Caput pietatis ante quod Ciconia.
Imper.   In laurea.
Caput Pietatis ante quod Ciconia.
Q. C. M. P. I. idest   Quinqus Cacilius Metellus Prae Imperator.   Elephas.
Caput Romæ galeatum.
Roma.   Figuræ in bigis & palmam s. equorum habenis in imo Caput Elephantini.
Roma.   Caput Romæ galeatum.
M. Mettius Q. F. in laurea.   Clypeus in cuius medio caput Elephantis.
Corint.   Caput Veneris aversa natura.
Cotin. Q. Cæc. Nigro. C. Heioll. Vir.   Pegasus bellerophontis decertans contra Chimæram.

CAESIA.
A. P.   Caput Apollinis laureatum
dorso tenus d. sagittam vibrans.
L. Cæsi in area AR.   Duæ figuræ sedentes
fere nudæ cum pelle unika s. hastam, siniserior cum intermedio blanditus in vertice Caput Vulcani; pone quod forceps.

CAECINA.
Caput honoris laureatum L. METEL. A. ALB. S. F.
C. Mal. in imo Roma.   Honos ipse insidens
clypeis coronatur a Victoria d. hastam.

CALIDIA.
                                            A 2   Ro-

Nummi Antiqui

Roma.   Caput Romae galeatum.
M. CAID. Q. Met. CN. POVL. Victoria in bigis d. coronam s., equorum habenas.

CALPURNIA.
CN. Piso PROQ. Numa.   Caput Numae Regis diademate ornatum in quo legitur Numa.
MAGN. Procos.   Navis.
Caput Apollinis pone quod. Ancora.
L. Piso. L. F. Frugi.   Sessor in equo d. tridentem s. equi habenas in versere tridens alter supinus.
Caput Apollinis pone quod signum
L. Piso Frugi II.   Decursor in equo d. flagrum s. equi habenas.
Caput Apollinis pone quod cornucopia Quinarius.
Q. Piso.   Victoria gradiens s. humero palmam.

CARISIA.
S. C.   Caput Victoriae cum alis.
T. Carisi.   Victoria in bigis d. coronam s. habenas.
Roma.   Caput Romae.
T. Carisi.   Decempeda, globus, cornucopia, & thema in laurea.
Moneta.   Caput Iunonis Monetae.
T. Carisius.   Incus supra quam pileus, hinc forceps, inde malleus, in laurea.
Caput Sibyllae Phrygiae, seu Hellespontiae.
T. Carisius III. Vir.   Sphinx alata.

CASSIA.
Caput Liberi hederacea corona cinctum supra humerum ligamum Thyrsum.
L. Cassus Q. F.   Caput Liberae pampinis redimitum.
Caput Apollinis pone quod scriptum solitum.
Q. Cassius.   Aquila insistens fulmini, inde lituus, inde praefericulum.
Libert. Q. Cassius.   Caput Libertatis.
Vestae Templum.   In cuius medio sella curulis, a dextris templi urna, a s. tabella cum litteris A. C.
Caput Vestae pone quod simpulum.
L. Longinus III. Vir.   Senior togatus tabellam in qua littera V. tenet, adstat illi cista.
Caesar Augustus Tribunic. Potest.   Caput Augusti.
C. Cassius Celer. III. Vir. AAA. F. F. in area S. C.

CIPIA.
M. Cipi M. F.   Caput Romae galeatum.
Victoria in bigis.   Subtus equos thema.

CLAUDIA.
S. C.   Caput Dianae pone quod pharetra & arcus.
Ti. Claud. Ti. P.   Numeri IIII. Victoria in bigis d. lauream s. palmam & equorum habenas.
Caput ut supra.
Victoria ut supra numeri vero AXXXVI.
Caput Romae galeatum.
C. Pulcher.   Bigae assignate Victoria & Sagmen.
    Caput

FAMILIARUM ROMANARUM. 5

Caput Romae galeatum.
T. L. AP. CL. Q.M.   Victoria in bigis.
P. C. Clodius C. F.   Caput Florae, cui corona ex
floribus contexta est, & flos pone caput.
Vestalis.   Vestalis sedens velata
d. Simpulum s. sella innixa.
L. Lent. Mar. Cos.   Jupiter nudus & imberbis
stans d. extensa fulmen s. aquilam in ima Fala metisoris.
Caput muliebre cum tribus crinibus & tribus spicis.
Caput Apollinis laureatum sub muliebri effigie, pone quod lyra.
P. Clodius. M. F.   Ceres tunicata stans
utraque manu faces accensas tenens.

CLOVLIA.
M.   Caput Jovis barbatum & Leonem.
T. Clovli.   Victoria coronam imponens trophaeo ad cujus imum sedet humi capitivus.

COELIA.
C. Coel. Caldus. Cos.   Caput Caii Caldi Consulis
pone quod tabella in qua literae L. D.
Caldus III. Vir.   Caput Solis radiatum
pone quod Clypeus oblongus & alter rotundus ut parma.
C. Coel. Caldus. Cos.   Caput Caldi Consulis pone
quod signum militare in quo HIS. & ante caput Apes.
C. Caldus. Imp. AV. X. L. Caldus VII. Vir. Epul.
Lectisternium in quo recumbit Jupiter, ad cujus latera hinc & inde trophaeum, in imo Caldus III. Vir.
Caput Romae galeatum.
Cald. in imo K.   Biga antiquaria Victoria.
Caput Romae galeatum.
P. Caldus in imo Roma.   Triumphus in bigis
cui Victoria per aera volitans porrigit coronam.

CONSIDIA.
A.   Caput Libertatis.
C. Considi Paeti.   Sella curulis.
Paeti.   Caput Libertatis laureatum.
C. Considi.   Victoria in quadrigis
d. coronam s. palmam.

COPONIA.
Q. Sicinius III. Vir.   Caput Tiburti conditoris faciei redimitum in imo Astrum.
C. Coponius. P. R. S. C.   Spolia Jovialis clava
imposita, ad latera arcus.

CORDIA.
Rufus III. Vir.   Capita Castoris & Pollucis
cum pileis & astris.
M. Cordios.   Mulier stolata stans
d. bilancem s. hastam transversam.
Rufus S. C.   Caput Veneris.
M. Cordius.   Cupido insidens delphino, quem habenis regit.

CORNELIA.
L. Lent. C. Marc. Cos.   Caput Jovis Melitanii.
Jupiter barbatus stans nudus ante aram d. extensa fulmen

NUMMI ANTIQUI

men s. aquilam gerit in area. Q. Quefor.
O. F. R.   Caput Genii populi Romani
pone quod sceptrum.
CN. Lent. Q. ex S. C.   Sceptrum cui corona
ex lauro juncta est, globus, & thema.
Faustus   Caput Dianae cum luna li-
cornii in fronte, pone lituus.
Felix.   Sulla sedens inter Bo-
cum & Jugurtam Reges genuflexos, ille olivae ra-
mum d. tenet, hic manibus post terga revinctis.
Caput Martis galeatum.
CN. Lentul.   Victoria in bigis d. te-
gis equos s. lauream.
Sulla Cos.   Caput Sollis nudum.
Rufus Cos. Q. Pomp. Ruf. F.   Caput Rufi nudum.
Libertas C. Cassi Imp.   Caput libertatis velatum.
Lepidus Spint.   Praesemaclaus. & Li-
tuus.
S. C.   Caput Veneris victricis lau-
rea coronata.
Faus (?) monogrammos   Tria trophaea inter pe-
fericulum s. dextris, & lituum a sinistris.
O. M.   Caput Jovis Capitolini lau-
reatum.
L. Scip. Asiag.   Jupiter in quadrigis
currentibus d. fulmen s. sceptrum.
Caput Jovis barbatum.
CN. Lept.   Victoria d. coronam
porrigens trophaeo s. palmam.
COSSUTIA.
Sabula.   Caput Medusae cum alis &
serpentibus.
C. Cossuti C. F.   Bellerophons in Pegaso
d. hastam vibraturus, cum litteris XXX.
CREPUSIA
L. Censoria.   Caput libertatis velatum.
C. Limet. P. Crepusi in vertice littera LX. Figura monilis in bigis ambabus equorum habenas.
Caput Jovis Anxuria laureatum pone quod sceptrum.
P. Crepusi in vertice littera CCCCLXVII. Eques.
CURTIA.
Q. Curti.   Caput Romae galeatum.
M. Sila. In imo Roma.   Jupiter nudus in qua-
drigis d. fulmen s. hastam.
DIDIA.
P. Fonteius Capito III. Vir. Concordia. Caput Con-
cordiae velatum.
T. Didi. Imp. Vir. Pub.   Aedificium Jupiteri or-
dine columnarum.
DOMITIA.
Caput Romae galeatum, pone quod spica.
in vertice Roma. CN. Domit.   Victoria in bigis d.
flagrum s. habenas, sub pedibus equorum in area ho-
mo nudus, cum hasta, pugnat contra leonem.
Ahenobarb.   Caput Cnei Aenobarbi.
CN. Domit. Imp.   Navis supra quam tro-
phaeum.
EGNATIA.
Maximus.   Caput Veneris.
C. Egnatius CN. F. CN. N.   Virtus stans exporte ga-
leata.

FAMILIARUM ROMANARUM.

Junto pede super caput leonis d. hastam, ex adverso Honos stans, cui Cupido coronam porrigit, hinc inde thensa, & prora.

EGNATULEJA.
C. Egnatuleji C. P. Q.   Caput Apollinis laureatum;
Q. in imo Roma.   Victoria scribit in cly-
peo trophaeo apposito.

FABIA.
Labeo. Roma.   Caput Romae galeatum.
Q. Fabi.   Jupiter in quadrigis
currentibus d. fulmen s. sceptrum sub ped. equorum
prora navis.
C. Annius. T. F. T. N. Proros. ex S.C.   Caput
Junonis Monetae.
L. Fabi. L. F. Hisp.   Victoria in quadrigis.
Q. Max. Roma.   Caput Romae galeatum.
Cornucopiae annexum fulmini. In corona ex spicis &
frugibus compacta.
Caput Romae galeatum.
N. Fabi. Pictor. in imo Roma.   Figura galeata sedens
d. apicem s. hastam ad latera clypeus in quo QVI-
RIN.

FANNIA.
Caput Romae galeatum.   Roma.
M. Fan. C. F.   Victoria in quadrigis
decurrentibus d. coronam s. habenas equorum.

FARSULEJA.
Mensor S. C.   Caput monetae pone quod
typus monetalis.
L. Farsulei.   Biga in quibus Roma
galeata d. figurae togatae ad conscendendum porrigit
s. hastam in area Scorpius. Numerus nota.

FLAMINIA.
Roma.   Caput Romae galeatum.
L. Flamini. Cilo.   Venus Victrix sedens
in bigis d. coronam s. habenas equorum.

FLAVIA.
Caput Romae galeatum.
Flavi in imo Roma.   Diana bicornis in bi-
gis d. coronam.

FONTEIA.
Caput Jani bifrontis imberbe & coronatum in area S.
C. Font. in imo Roma.   Triremis cum remigantibus.
Capita Castoris & Pollucis jugata, & corona insignita cum
astro super ea.
M. Fontei.   Triremis cum remigantibus in area A.
M. Fontei. C. F.   Caput Veneris laureatum,
sub quo fulmen.
Puerulus alatus insidens caprae, in vertice pilei Diosco-
rorum astris insigniti, in imo Actostolium, omnia in
corona.

FUFIA.
Mn. Viru de sen Kaleni.   Capita Honoris cum laurea.
Virtutis cum galea jugata.
Ital. Ho. to sen Cordi.   Duae mulieres dd. jun-
gentes, pone desteriorem s. cornucopia gerentem
caduceum sinisterior pedem dexterum globo imponit.

FULVIA.   Flac.

NUMMI ANTIQUI

Flaccus. Caput Romae galeatum.
... Q. Ruti ... Victoria in bigis d. flagrum, s. equorum habenas.

FUNDANIA.
C. Fundani in aversae Q. Caput Romae galeatum.
triumphalibus cum fulmine. Jupiter in quadriga
ducens. Figura in equo cursum

FURIA.
M. Fouri. L. F. Caput Jani barbatum & coronatum.
Fili. Roma. Trophaeum in cuius
imo duo clypei, coronatur a Roma galeata hastam
transversam gerente, inde Aquila legionaria.
Brocchi III. Vir. Caput Cereris coronate e spi-
cis utrinque, aliae spicae, inde frumenti granum.
Furi. CN. F. Sella curulis, inter
duas secures.
Aed Cur. Caput Cybeles turritum ter-
nis equis, pone pedis figura.
P. Fourius, in imo Cisalpes. Sella curulis.

GELLIA.
Caput Romae galeatum in laurea.
CN. Gel. in imo Roma. Figura paludata & clyp-
peum in quadriga, coronatus a muliere.

HERENNIA.
Pietas. Caput pietatis.
M. Herenni. Homo nudus alterum
brachiis effert. in aversa C.

HORATIA.
Cocles. Caput Romae galeatum.
Imp. Caes. Traian. Aug. Ger. Dac. P. P. rest. in suo
Roma. Castor & Pollux de-
currentes in equis hastis, & aliis insignes.

HOSTIDIA.
Geta III. Vir. Caput Dianae pone ter-
cus & pharetra.
C. Hosid. C. F. Aper telo transfixus,
quem canis infectatus.

HOSTILIA.
Caput Deae Palloris pullatis capillis, pone quod baculus,
cuius apice caput adunoum.
Hostilius Saferna. Diana velata cum ca-
rule & veste, cuius Lunaris brachiis involuta pos-
det d. cornuum cervum s. hastam nodosam.
Caput Veneris laureatum.
L. Hostilius Saferna. Victoria gradiens d.
taduceum, humero laevo trophaeum.
Caput Dei Pavoris cuma auricula, pone quod scutum oblongum.
L. Hostilius Saferna. Figura d. spiculum
vibratura s. clypeum, stat in bigis, quas fuerat du-
rit d. flagrum, s. habenas.

JULIA.
Caesar. Elephas ante quem draco di-
... midius.
Capreola. Aspergillum, secaris, albogaleus, seu
apex.
Caput Veneris pone cuius collum Cupido medio corpore.
Caesar. Trophaeum; hinc &
inde

FAMILIARUM ROMANARUM.   9

Inde clypei, & baculi cum capite asinino ad cujus
imum hinc mulier nuda flens, hinc barbarus mani-
bus post terga revinctis.
Caput Junonis Reginæ, ante quod lituus, pone sceptrum.
Cæsar.   Trophæum pene idem.
Caput Veneris.
   in area O.   Duplex cornucopiæ.
Caput Mercurii cum ala, pone quod tridens, & flos, &
   bovis figuum.
L. Juli. Bursio.   Victoria in quadrigis
   decurrentibus.
Caput Romæ galeatum, pone quod spica.
L. Juli.   Victoria in bigis, utra-
   que manu habenas.
Caput Veneris.
Cæsar.   Æneas nudus gradiens
   d. palladium s. brachio patrem Anchisem gerit.
Cæsar.   Elephas ante quem draco di-
   midius.
Non bene uſſos nummus.
Caput Mercurii cum ala, pone quod tridens, & flos.
L. Juli Bursio. in area II.   Victoria in quadrigis
   decurrentibus.
Cæsar Augustus   Caput Augusti corona quer-
   cea ornatum.   cea.
Divus Julius.   Stella dictatoris eti-
              nita.
Cos. Ter. Dict. iter.   Caput Cereris corona e spi-
   cis ornata.   cis.
Augur. Pont. Max.   Capedula, Aspersio-
   rium, Urceus, & lituus.
II. T.   Caput Pietatis corona quer-
   cea ornata.   cea.
Cæsar.   Trophæum ad cujus dextrum
   clypeus oblongus, ad sinistrum baculus cum capite
   asinino, binæ militaris intra quem securis.
Cæsar. Dict. Perpetuo   Caput dictatoris laureatum
   & velatum.
P. Sepullius Macer.   Venus tunicata stans
   d. victoriam s. hastam, ad cujus imum clypeus.

JUNIA.

Costa. Leg.
Brutus Imp.   Caput libertatis laureatum.
Caput Martis galeatum.   Trophæum.
Albinus Bruti F.
   decursorium cum scuto oblongo desuper, & clypeo ro-
   tundo infra.
Brutus.   Caput Bruti nudum.
Ahala.   Caput Serviliᴀ Ahalæ
   nudum.
Pietas.   Caput Pietatis.
Albinus Bruti F.   Duæ dextræ redutceum
   nlarum venientes.
A. Postumius. Cos.   Caput postumii Consulis.
Albinus Bruti F.   In corona spicea.
Libertas.   Caput Libertatis pone quod
   signum.
Brutus.   Quatuor figuræ gra-
   dientes.
Caput Romæ galeatum.   &c.

NUMMI ANTIQUI

Silanus L. F. Roma, manu habenas. — Victoria in bigis alisque.
Salus, ante quod figuum. — Caput Deæ salutis in torque.
D. Silanus L. F. benus s. palmam, in imo cicada. — Victoria in bigis d. habenas s. palmam, in imo cicada.

LICINIA.
C. Licinius. L. F. Macer. — Caput Vejovis fulmen vibraturi.
Pallas galeata in quadrigis decurrentibus d. telum vibratura s. clypeum.
C. Malle. C. F. X. — Caput Romæ galeatum.
L. Lic. CN. Dom. — Figura nuda in bigis stans d. spiculum vibraturus s. clypeum & corium.
S. C. — Caput Libertatis corona ex olea ornatum.
P. Crassus, M. F. — Eques romanus stans equum traducit s. hastam, in imo clypeus.

LIVINEIA.
Caput Livinei Regali. L. Livinieus Regulus inter duas spicas. — Modius frumenti plenus.
Caput Livinei Regali. L. Regulus. — Hominem cum leonibus pugna.
Caput Livinei Regali. L. Livineius Regulus. — Sella curulis cum sex fascibus.

LOLLIA.
Caput Dianæ venatricis, supra humerum pharetra & arcus.
L. Lollius. — Cervus loro clar evus.
P. anea.

LUCILIA.
A. F. V. in laurea. — Caput Romæ galeatum.
M. Lucili Ruf. Rom s. habenas equorum. — Victoria in biga d. flo

LUCRETIA.
Caput Apollinis radiatum.
Trio. L. Lucreti, prem stellas. — Luna bicornis inter septem stellas.
Caput Neptuni laureatum supra humerum tævum tridens.
L. Lucreti. Trio. — Cupido insidens Delphino.
Trio. — Caput Romæ galeatum.
CN. Luer. In imo Roma. — Castor & Pollux decurrentes in equis, pileis & astris insignes.

LURIA.
Cæs. August. Pont. Max. Tribuñ. Pot.
P. Lurius Agrippa III Vir. A. A. F. F. in area S. C. — Caput Augusti.

LUTATIA.
Cerro. Roma. — Caput Romæ galeatum.
Q. Lutati. Q. mis in corona quernea. — Navis prætoria cum se

MARCILIA.
Cæsar. August. Tribuñ. Potest.
M. Marcilius III Vir. A. A. F. F. in area S. C. — Caput Augusti nudum.

MAENIA seu **MAINIA.**
Caput Romæ galeatum. Roma. — Discus currentes in e quis.

MAINIA.

Ca-

FAMILIARUM ROMANARUM.

Caput Romæ galeatum.
C. Maini in imo Roma, Figura in bigis d. sa.
gum s. habenas.
Caput Iani bifrontis barbatum.
C. Maini. Navis.

MAMILIA.
Caput Mercurii pileo cum alis ornatum, pone quod caduceus.
C. Mamil. Limetan. Ulisses cum pileo, &
pallio stans manibus baculo banixus cui can... ablandi-
tur.

MANLIA.
Caput Romæ galeatum.
T. Manl. Ap. Cl. Q. VR. Victoria in bigis utramque
menu habenas.
Sibyll. Caput Sibillæ.
L. Torquat. III Vir. Tripus supra quem Ur-
ceus, hinc & inde stellæ in torque.

MARCIA.
Ancus. Caput Anci Regis, pone
quod lituus.
Philippus. Aqua. Mar. Figura in equo supra a-
quæductum.

Φ Roma. Caput Philippi Macedonis
Regis falea ornati, supra quam duo corona bieting
in fronte & diadema.
Statua equestris supra basim in qua sculptum L. Philippus
in imo Stella.
Capita Numæ & Anci Regis Jugata cum signo Φ
C. Censor. Desultor in equo, alte-
rum habena ducens d. flagrum in imo serpens.
Caput Honoris laureatum.
L. Censor. Silenus senex nudus, &
cadacous staus d. attollit s. urceum hiscinum, pone
eum columna supra quam Iconcula cum clypeo.
Caput Romæ galeatum pone quod vas.
M. Marc. in imo Roma. Victoria in biga in imo
dux spica.
Caput Romæ galeatum cum tribus globulis.
Q. Marc. Libo. Roma. Navis inimbus supra.

MARIA.
Capit. XXXXIIII. Caput Cereris cum corona
spicea ante eam papaver.
XXXXIIII. C. Mari. C. F. S. C. Arator ducit Jugum
boum.
C. Mari. C. F. Capit. XXII. Caput Cereris sine papavere.
XXII. Arator ducit Jugum boum.

MEMMIA.
Caput Apollinis laurea infigulatum.
L. Memmi. Castor & Pollux stantes
cum hastis, ad utriusque latera equus, & stella super
eorum capita.
Roma. Caput Saturni laureatum,
pone quod falx.
L. Memmi. Gal. Figura in bigis tribus
phalibus d. scipionem s. habenas. Victoria per aera
volitans ei coronam porrigit.
C. Memmi C. F. Caput Cereris corona spicea
ornatum.
C. Memmius Imperator. Trophæum, ad cujus imum
captivus manibus post terga revinctis.
C. Mem-

NVMMI ANTIQVI

C. Memmi. C. F. Quirinus. Caput Quirini laureatum.
Memmius Aed. Cerialis. Primus. Fecit. Ceres sedens d.
eholum s. spicas, ad pedes serpens.

MINUCIA.
Ruf.   Caput Romae galeatum.
Q. Minu. Rufus.   Castor & Pollux hastis & astris insignes decurrentes a in equis.
Caput Romae galeatum.
Ti. Minuci. C. F. Augurini. Roma. Columna striata supra quam icunculus inter duas figuras stantes, una Pileum libertatis, altera spicum tenet, hinc inde spicae.
Caput Romae galeatum.
L. Minuci. Roma.   Jupiter agit quadrigas decurrentes d. fulmen s. sceptrum.
Caput Romae galeatum.
Q. Thermus. M. F.   Duo viri dimicantes, ambo d. gladium s. clypeum, quos inter, tertius genubus ab altero protegitur.

MUSSIDIA.
Concordia.   Caput Concordiae velatum.
L. Mussidius Longus. Cloacin. Cancelli comitiorum, in iis duae figurae in cistas suffragia conficientes.

NEVIA.
S. C.   Caput Veneris cum diademate.
C. Nae. Balb.   Victoria in trigis, manibus habenas.
S. C.   Caput Veneris cum diademate.
C. Nae. Balb. in veredo XIII. Victoria in trigis ut supra.
Caesar August. Tribunic. Potest. Caput Augusti nudum.
L. Senatius III. Vir. A. A. A. F. F. in area S. C.

NASIDIA.
Neptuni.   Caput CN. Pompeii Magni sub Neptuni imagine, ante nidens, pone delphinus.
Q. Nasidio.   Navis velo expanso cum remigantibus.

NONIA.
S. C. Sufenas.   Caput Ditis pone quod uncus, seu ejus sceptrum.
SEX. Noni PR. T. V. P. F. Figura togata insidens spoliis d. innixa hastae, coronatur a Victoria stante s. palmam gerente.

NORBANA.
C. Norbanus. XXXVI.   Caput Veneris.
Spica, Fascis, & Caduceus.

OPEIMIA.
Caput Romae galeatum pone quod corona.
L. Opeim.   Victoria in quadrigis d. calarc coronam, s. equorum habenas.

PAPIA.
Caput Junonis Sospitae pelle caprina amictum pone quod tabella, in qua PAPI.
L. Pap.   Gryphus currens. Infra talis.
Papium.
Caput Junonis Sospitae pelle caprina amictum.
Papius Celsus III. Vir. Lupus ore tenet fomitem accensum, ex altero latere Aquila alis expansis.

PAPIRIA.

Ce-

FAMILIARUM ROMANARUM.

Caput Romæ galeatum.
Carb. in imo Roma.   Jupiter triumphator in quadrigis d. fulmen, s. sceptrum.

PETILLIA.
Capitolinus.
Petillius.   Caput Jovis Capitolini.
sufflamen.   Templum sex columnis
Petillius Capitolinus   Aquila alis expansis inscitit
fulmini.
Templum sex columnarum.

PETRONIA.
Turpilianus III. Vir. Feron.   Caput Deæ Feroniæ.
Cæsar Augustus Sign. Rege.   Parthus genuflexus Signum militare gerens.

PLAETORIA.
Caput Mercurii.
M. Plætori. Cest. Ex. S. C.   Caduceus alatus.
Cestianus. S. C.   Caput Victoriæ galeatum & laureatum pectore tenus.
M. Plætorius. M. F. Æd. Cur.   Aquila ungitur fulmen.
Cestianus.   Caput Cibelles seu matris magnæ turribus ornatum.
M. Plætorius. Aed. Cur. Ex. S. C.   Sella Curulis in area Scorpio.

PLANCIA.
CN. Plancius. Aed. Cur. S. C.   Caput muliebre lauri ornatum cum calendrica.
Pharetra, Arcus, & Capra fera Libyca.

PLAUTIA.
A. Plautius. Aed. Cur. S. C.   Caput Cibelles turribus ornatum.
Bacchius. Judæus.   Figura genuflexa d. tantum oleæ, s. capistro Camelum tenet.
P. Ipsæ. S. C.   Caput Veneris pone quod delphinus.
C. Ipsæ. Cos. Priv. Cepit.   Figura in Quadriga d. flagrum s. habenas.
Caput Romæ galeatum.
C. Pluti. in imo Roma, sertibus cum hastis.   Dioscuri in equis discurrentibus cum hastis.
L. Plautius.   Caput Solis plenum.
Plancus.   Aurora alata inter quatuor equos, quos habenis regit.
Ipsæus. Aed. Cur. in imo C. Ipsæ. Cos. Preives. Capta.   Figura agit quadrigas decurrentes.
M. Scauri. Aed. Cur. Ex. S. C. in imo Rex Aretas.   Rex Arabum genuflexus d. tantum olivæ, s. capistro Camelum tenet.

POPLICIA.
Roma,   Caput Romæ galeatum. in verso
sive R.
C. Poblici. Q. F. Q.   Hercules suffocans Leonem ad latus pharetra, pro pedibus clava.
Caput Romæ galeatum; in vertice malleolus in area A-
ram.
C. Mal.   Vir nudus stidphio ornatus pede sopra galeam, d. hastam; stat inter trophæum, & prosam davis.
M. Poblici. Leg. Pro. Pr.   Caput Romæ galeatum.

B   CN.

NUMMI ANTIQUI

CN. Magn. Imp. Pompeius militari sagulo, pede supra proram accipit palmae ramum ab Hispania Provincia duo spicula & breve scutum latus gerente.

POMPEIA.

Magnus, Pius, Imp. iter. ante Proua, pone tricolne.
Praef. Clas. & Orae marit. Ex. S.C. Neptunus corona radiata insignis cum strophio inter duas figuras, ulteras brachiis & humeris efferentes, pede prora imposito d. Aerostolium.
Caput Romae galeatum pone quod Vas ansatum.
Sex. Pom. Fostulus. Lupa cum puerulis Remo & Romulo, pone quam pastor dextram extendens, adest Ficus arbor, & Ficus avis super eam.
Q. Pompei. Q. F. Rufus. Cos. Sella curulis, hinc fagina, inde laurus.
Sulla. Cos. in imo Q. Pompei. Ruf. Sella cotulis hinc lituus, inde corona.
CN. Piso Pro. Q. Caput Numae Regis super cuius diadema scriptum est NUMA.
CN. Magn. Pro. Cos. Navis.
Mag. Pius. Imp. Iter. Navis praetoria Aquila legionaria in prora, eidem cum sceptro in puppi, supra quam turris, in cuius vertice statua Neptuni d. tridentem.
Praef. Ora. Marit. Et. Clas. S. C. Mulier superne parte manibus arrectis remonam tenet, & in duas pisces partes inferne divisa est, cum tribus canibus in medio.

POMPONIA.

L. Pompon. Molo. Caput Apollinis laureatum.
Num. Pompil. Numa stans d. lituum ante aram ignitam, ad quam Victimarius capram ducit.
Caput muliebre ornatum & coronatum.
Q. Pomponi. Musa. Musa stans d. volumen & columnae innixa.
Caput muliebre laureo coronatum, pone quod signum.
Q. Pomponi. Musa. Musa stans d. sistrum s. lyram gerit.
L. Pom. CN. F. Caput Romae galeatum.
L. Lic. CN. Pomp. Figura virilis nuda in biga d. spiculum vibrans s. clypeum, & baculum, in rubus apex capus abscissus.
Q. Pomponi Musa Caput Herculis Musageris.
Hercules Musarum. Hercules musarum imberbis manu pelle leonina ornatus lyram pulsat in imo Clava.

PORCIA.

Laeca. Caput Romae galeatum.
M. Porc. in imo Roma. Libertas in quadrigis d. habenas s. pileum libertatis. Victoria volitans coronam illi porrigit.
P. Lecc. in vertice Roma. Caput Romae galeatum.
Provoco. Praetor stans, manum extendit versus civem togatum, pone Praetorem Lictor d. virgam.
M. Cato. Pro. Pr. in aere Roma. Caput libertatis.
Victrix. palmam. Victoria sedens d. extensa.
Caput Romae galeatum.
C. Cato in imo Roma. Victoria in bigis d. coronam.

FAMILIARUM ROMANARUM. 15

nam protendens.
M. Cato. Prope.   Caput Liberi.
Victrix.   Victoria sedens quadrigis.

POSTUMIA.
Caput Dianæ Venatricis supra humerum hvom pharetra & arcus.
  C. Postumi in imo T   Canis venaticus currens cum hasta per humum extensa.
Hispan.   Caput Hispaniæ velatum.
A. Post. A. F. S. N. Albin.   Prætor stans togatus inter aquilam legionariam, & fasces cum securi dextram attollit.
A. Alb. S. F. L. Metel.   Caput Honoris lauro coronati.
  C. Mal. in imo Roma.   Honos insidens clypeis coronatur a Victoria pone stante.
Caput Dianæ cum pharetra & arcu supra lævum humerum.
A. Post. A. F. S. N. Albin.   Mons supra quem sacerdos bovi coronam imponens, ara ignita intermedia.
Caput Romæ galeatum pone quod apex.
  L. Post A. F.   Mars galeatus in quadrigis.

PROCILIA.
L. C. Caput Jovis herbarum laurea coronatum.
  L. Procil. F.   Juno Lavinia, capotoina pelle ornata d. hastam vibrat, s. scutum, pro pedibus serpens.
S. C. Caput Junonis pelle caprina tectum.
  L. Procili. L. L.   Juno eadem in bigis d. hastam vibrat s. scutum, ante bigas serpens.

PROCULEJA.
Caput Neptuni prolixa barba decorum, & coronatum.
  C. Proculei L. F.   Rasa piscis aumars piscis.

QUINCTIA.
Caput Romæ galeatum pone quod apex.
T. Q. in imo Roma.   Castor & Pollux decurrentes in equis cum hastis in imo globus.

RENIA.
* Caput Romæ galeatum.
  C. Reni in imo Roma.   — Figura vilis in bigis.

ROSCIA.
  L. Rosci.   Caput Junonis Laviniæ pelle caprina tectum, pone signum.
Fabati.   Virgo escam præbens serpenti se in gyros erigenti, pone Virginem signum.
Eadem quæ supra, sed signum differt.
Eadem, sed signum differt.
Eidem, differente signo.
Eadem, signo differente.

RUBRIA.
Dostres   Caput Neptuni pone quod tridens.
  L. Rubri.   Thensa a quatuor equis tracta e quibus victoria exilit coronam gestans.
Dos.   Caput Virtutis galeatum.
  L. Rubri.   Thensa ut supra.
Dos.   Caput Virtutis galeatum.

NUMMI ANTIQUI

Imp. Caes. Traian. Aug. Ger. Dac PP. Rest. Thenfa ut fupra ¶
Dodena.   Caput Neptuni pone quod
    trident *numos galearios*.
  L. Rubri.   Victoria d. extensa laevo hu-
    mero palmam, ante eam ferpens atis impositus.
RUSTIA.
  Caput Martis galeatum cum aftro sub ejus mento, pone an-
    ta S. C.
  L. Rusti.   Aries.
  Q. Rustius. Fortunae Antist.   Duae figurae medio corpore
    supra feftolum.
  Caesari Augusto ex. s. c.   Ara supra quam For. Re.
RUTILIA.
  Flac.   Caput Romae galeatum.
  L. Rutili.   Victoria in bigis d. extensa
    coronam praefert, s. equorum habenas.
SALVIA.
  Caesar August. Pont. Max. Tribunic. Pot.   Caput Aug. nudum.
  M. Salvius. Otho. III. Vir. A. A. A. F. F. in area S. C.
SATRIENA.
  Caput Martis galeatum.
  Roma P. Satriena.   Lupus.
SAUFEIA.
  Caput Romae galeatum.
  L. Sauf. in imo Roma.   Victoria in bigis d. flagrum
    s. habenas equorum.
SCRIBONIA.
  Bon. Event. Libo.   Caput boni eventus cum fa-
    fcia.
  Puteal. Scribon.   Tectum quo potum ope-
    rirent aenorum aucupia.
  Concordia. Paullus. Lepidus.   Caput Concordiae Velatum.
  Libo. Puteal. Scribon.   Tectum ut supra in eo
    malleus insculptus.
SEMPRONIA.
  Pitio.   Caput Romae galeatum.
  L. Semp. in imo Roma.   Dioscuri decurrentes in
    equis.
SENTIA.
  Caput Romae galeatum.
  L. Saturn. in area nihil.   Figura cum strophio in
    quadrigis d. lituum s. habenas.
    similis in bigis sine nota.
SERGIA.
  Ex. S. C. Roma.   Caput Romae galeatum.
  Q. M. Sergi. Silus.   Figura equestris d. ha-
    benas equi s. elatas caput & gladium.
SERVILIA.
  Ahala.   Caput Servilii Ahalae.
  Brutus.   Caput L. Bruti.
  Caput Romae galeatum pone quod corona.
  M. Servili. C. F.   Duae figurae militares ga-
    leatae equis relictis, pedestres pugnant.
  Rufi.   Caput Victoriae galeatum.
  P. Servili. M. F. in area P.   Victoria in bigis d. pal-
    mam s. habenas.
  Floral. Primus.   Caput Florae redimitum flo-
    ribus pone quod lituus.
  C. Servili.   Duae figurae militares ex
    adverso stant galeatae dextra quaeque gladium, muero-
    ne

FAMILIARUM ROMANARUM.

SICINIA.
Foit. P. R. — Caput Fortunae populi Romani.
Q. Sicinius III Vir. — Caduceus & palma per transversum ad laevam corona in qua V

SILIA.
Roma. — Caput Romae galeatum medio corpore d. humero hastam s. clypeum, super eamque luna bicornis, in area. Stella.
P. Nerva. — Cancelli comitiorum in quibus figura quaedam tabellam unam accipit, alteram altera in cistam deponit.

SPURILLA.
Caput Romae galeatum.
A. Spuri. infra Roma. — Victoria in bigis d. flagium.

SULPITIA.
D. P. P. — Capita Penatium jugata, corona ornata.
C. Sulpici. C. F. Q. — Penates stant d. pila s. hastas, inter eos procumbit Sus cum porcellis.
Ser. Sulp. — Caput Honoris laureatum; Malus pro trophaeo prora navis affixo Ancorna transversa a qua pendet thermo, & a Geminis pendet ancora. Luo capiunt hinc inde scabeus manies.
Ex. S. C. — Caput Vestalis velatum.
P. Galba Aed. Cur. — Culter, simpulum, & secespita.

TARQUITIA.
C. Anni. T. F. T. N. Pro. Cos. Ex. S. C. — Caput Junonis Monetae cum monili, & inauri.
C. Tarquiti P. F. in corea Q. — Mulier in bigis cum flagro.

TERENTIA.
Varro. Pro. Q. — Caput Quirini diademate cinctum.
Mago. Pro Cos. — Delphin & Aquila sepulo intermedio.
Caput Romae galeatum post quod Victoria ei coronam imponens.
C. Ter. Luc. infra Roma. — Dioscuri in equis decurrentes.

THORIA.
I. S. M. R. — Caput Junonis Sospitae pelle caprina ornatum.
L. Thorius Balbus. Q. — Taurus solutus.
Idem nummus nota L.
Idem nummus nota N.

TITIA.
Caput Portae cum fasciis ubi duae alae sunt alligatae. Q.
Titi. Pegasus in basi.
Caput Musae laureatum.
Q. Titi. — Pegasus in basi.
Idem nummus sed quinarius.
TITINIA.
XVI.
C. Titini. — Caput Romae galeatum. Victoria in bigis d. flagium.

TITURIA.

Sabin

18 NUMMI ANTIQUI

Sabin. A. P. V. — Caput Regis T. Sabini coro-
  quod in area palma.
L. Titurii. — Duo Romani duas Sabi-
  nas rapiunt.
Sabin. A. P. V. — Caput Sabini.
L. Titurii. — Tarpeia Virgo clypeis ob-
  ruta à duobus Sabinis.
Sabin. ut supra, sed in aversa parte: clypeus in vertice. .
Sabin. — Caput T. Sabini Regis.
 L. Titurii. — Victoria in bigis d. co-
  ronam s. habenas in imo galea inversa.
Caput Jovis Capitolini laureatum.
 P. Sabin. — Victoria d. coronam tro-
  phaeo porrigit s. palmam gerit numeri quinarius.
TREBANIA.
Caput Romae galeatum.
 L. Trebanii in imo Roma. — Jupiter in quadrigis d.
  fulmen vibrat s. sceptrum & habenas.
TULLIA.
Romae. — Caput Romae galeatum.
 M. Tulli. — Victoria in quadrigis des-
  currentibus d. habenas s. palmam, in vertice coronam.
VALERIA.
Acisculus. — Caput Castoris capillis cin-
  cinnatis cum stella desuper.
Europa cum velo volitante auro vecta.
Victoria medio corpore cum alis in dorso.
 L. Valeri Flacci. — Mars galeato capite stans
  nudus cum strophio d. hastam transversam s. trophaeum
  a dextris apex a sinistris spica.
Victoria pectore tenus cum alis in dorso.
 C. Val. Flac. Imperat. ex S. C. — Aquila legionaris in-
  ter duo signa militaria in quorum dexteriori H. in si-
  nisteriori P.
XVI. — Caput Romae galeatum.
 Flac. C. Val. C. F. in imo Roma. — Victoria bigas agit
  d. flagrum.
Valerius nummus vocatur.
Messala. Apronius. III. Vir. Ara.
 Gallius. Apronius. .A.A.A.F.F. in area S. C. num-
  mus aeneus.
Gallius Messala. III. Vir. Ara.
 Gallius. Apronius. A. A.A. F. F. in area S. C. nummus
  aeneus.
VARGUNTEIA.
M. Varg. — Caput Romae galeatum.
 Roma. — Jupiter in quadrigis tri-
  umphalibus d. fulmen, s. sceptrum, & equorum ha-
  benas.
VETTIA.
Ti. Sabinus. S. C. — Caput Tatii Sabini Regis.
 T. Vettius. Judex. — Figura in bigis lento pas-
  su gradientibus, pone eam spica.
VETURIA.
Ti. Vet. — Caput Veturiae galeatum.
 Roma. — Duae figurae stantes &
  altera genuflexa intermedix porcum tenens.
VIBIA.
Panis. — Caput Jovis Axuris imberbe
  & laureatum.
                                        C. Vi-

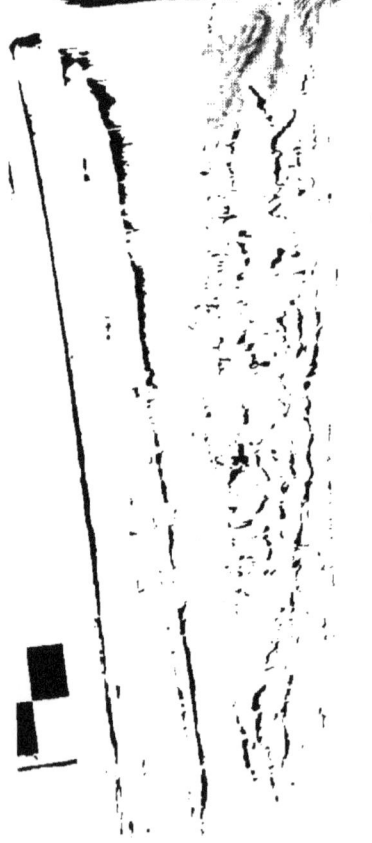

FAMILIARUM ROMANARUM. 19

C. Vibius. C. F. — Figura stans galeata in bigis d. classa s. hastam. *non est in Vaillant.*
Pansa. — Caput Sileni.
Jovis. Arat. C. Vibius. C. F. C. N. — Jupiter Axur lauri foliis coronatus seminudus cum pallio sedens d. pateram s. hastam.
Pansa. — Caput Jovis Axuris laureatum.
C. Vibius. C. F. — Figura galeata in quadrigis s. hastam d. habenas equorum.
Pansa. — Caput Sileni.
Albinus Bruti. P. — dum dexteram caduceum alatam gerentes.
Caput Liberi hedera coronatum.
C. Vibius. Varus. — Ara supra quam persona & thyrsus, super eos pedes stallit panthera.
Caput Minervae galeatum.
C. Vibius. Varus. — Hercules nudus stans d. lunias clava, s. spolia leonis.
Pansa. — Caput Jovis Axur s imberbis laureatum.
C. Vibius. C. F. C. N. — Ceres gradiens, utraque manu tadas accensas gerit, ante illam aratrum.

VIPSANIA.
M. Agrippa. L. F. Cos. III. — Caput M. Agrippae corona rostrata ornatum.
S. C. — Neptunus stans nudus cum pallio divinitatis d. Delphin. s. tridentem. *gr ave*

VOLTEIA.
Caput Jovis barbatum & laureatum.
M. Voltei M. F. — Templum quatuor columnarum in cujus zophoro fulmen.

NUMISMATA ÆNEA
IMPERATORUM ROMANORUM.

C. JULIUS CÆSAR.
primi moduli.
Divus Julius. Caput laureatum.
Cæsar Divi F. Caput Augusti nudum.
Cæsar. Dic. ter. Caput victoriæ alatum.
C. Clovi. Præf. Figura galeata gradiens d. spolia
s. clypeum cum serpente ad pedes.
secundi moduli.
ΘΕΟΣ. Κ. Caput Julii nudum.
ΣΕΒΑΣΤΟΣ. Caput Augusti nudum.

M. ANTONIUS.
secundi moduli.
Capita jugata M. Antonii & Cleopatræ.
Navis velo expanso.
tertii moduli.
M. Ant. Imp. Cos. des. II. & iter III R. P. C.
M. Oppius Capito Præf. Navis velo expanso
Capita Antonii & Cleopatræ jugata.

AUGUSTUS.
Primi moduli.
Divus Augustus Pater. Caput radiatum.
Providentia. Ara.
Cæsar Augustus. Caput laureatum.
Roma & Aug. Ara duabus victoriolis ornata.
Divus Augustus Pater. Caput radiatum ante faciem ful-
men.
S. C. Figura Muliebris sedens d. pateram, s. hastam.
Divus Augustus. Caput radiatum.
S. C. Imp. Nerva Cæs. Aug. restituit. Themo orbis ter-
ræ impositus.
Divus Augustus Pater. Caput laureatum.
S. C. Duo fulmina alata.
Divus Augustus Pater. Caput laureatum.
S. C. Aquila globo insidens.
Cæsar. Caput nudum.
Augustus. In corona.
Div. Augusto. Corona quam claudunt duo capricorni.
S. C. Divo Cæsar Divi Aug.
Divo Augustus Pater. Caput radiatum.
Imp. Vesp. Aug. rest. S. C. Aquila alis expansis ful-
mini insistit.
Ti. Cæsar Divi Aug. F. Aug. S. C.
Divo Augusto S. P. Q. R. Augustus curru insidens a
quatuor Elephantis cum suis rectoribus tracto.
S. C. Augustus. Caput nudum.
S. C. Imp. Nerva Cæs. Aug. rest. Templum sive Ara.
Divus Augustus Pater. Caput nudum.
S. C. Victoriæ gradiens d. clypeum in quo S. P. Q. R.
Ob. Cives Servatos. Duplex corona.
T. Quintius Crispinus III. Vir. A. A. A. F. F. S. C.
Augustus. Caput nudum.
S. C.

IMPERATORUM ROMANORUM.

S. C. Plotius Ruffus III. Vir. A. A. F. F.
Augustus Pont. Max. Trib. Pot. Caput nudum.
S. C. M. Mecilius Tullus III. Vir. A. A. F. F.
Cæsar August. Pont. ... Tribunit. Pot. Caput nudum.
S. C. M. Salvius Otho III. Vir. A. A. F. F.
Cæsar August. Tribunit. Potest. Caput nudum.
S. C. C. Gallius C. F. Lupercus III. Vir. A. A. F. F.
Cæsar August. Pont. Max. Tr. P. Caput nudum.
S. C. Volusius Valer. Messala III. Vir. A. A. F. F.
Cæsar August. Pont. Max. Tri. Pot. Caput nodum.
S. C. C. Cassius Celer. III. Vir A. A. F. F.
Augustus Tribunit. Potest. In corona quercea.
S. C. M. Sanquinius III. Vir. A. A. F. F.
Augustus Tribunit. Potest. In corona quercea.
S. C. C. Cassius Celer. III. Vir. A. A. F. F.
Augustus Tribunit. Potest. In corona laurea.
S. C. C. Plotius Ruffus III. Vir A. A. F. F.
Augustus Tribunit. Potest. In corona quercea.
S. C. Ti. Sempronius Gracchus III. Vir. A. A. F. P.
Augustus Tribunit. Potest. In corona laurea.
S. C. C. Marci L. F. Censorinus Aug. III. Vir. A. A. F. F.
Divus Augustus Pater. Caput nudum.
S. C. In corona quercea.
Divus Augustus. S. C. Caput laureatum.
Diva Augusta. Figura muliebris sedens capite laurea to & spicas, & hastam.
Divus Augustus S. C. Caput laureatum.
Consensu Senat. & Eq. ordin. P. Q. R. Imp. sella curuli d. Isuri signum æneus secundi moduli.
Augustus. Caput nudum.
Arcus marmoreus statuis ornatus.
Divus Augustus Pater. Caput nudum.
Col. Paterna. Figura velata agens jugum boum.
Augustus Corini. Caput nudum.
C. Mussio Prisco III. Vir. C. Helo Pollione. iter. In corona.

ΚΑΙΣΑΡ. ΣΕΒΑΣΤΟΣ. Caput Augusti.
ΒΑΣΙΛΕΩΣ. ΡΟ... Capita Romuleielis Re gis & uxoris
ΠΑΤΗΡ. ΠΑΤΡΙ. Caput Augusti.
ΣΕΒΑΣΤ. Septem spicæ in fasciculum collectæ.
JULIA AUGUSTA primi moduli.
Ti. Cæsar. Divi Aug. F. Augustus Tr. Pot. In area S. C.
S. P. Q. R. Juliæ Augustæ. Carpentum a mulis tractum. secundi moduli.
Justitia. Caput Juliæ sub imagine justitiæ.
Ti. Cæsar Divi Aug. F. Aug. Tr. Pot. XXIIII. in area S. C.
Salus Augusta. Caput Juliæ.
Ti. Cæsar Divi Aug. F. Aug. Tr. Pot. P. M. XXIIII. in area S. C.

Ce-

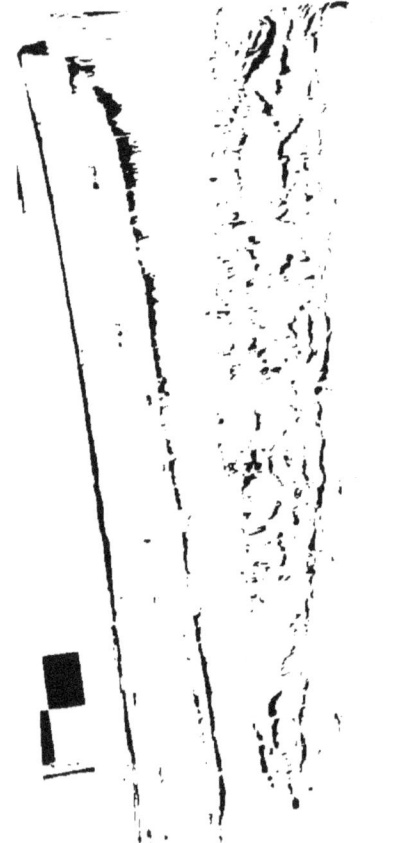

NUMMISMATA ÆNEA

Caput Julia.
L. M. anno XL. Mulier galeata stans d. victoriolam s. iunixa clypeo. agryppina nummi.
Tertii moduli.

IOVAIA.... Caput Julia.
Figura stans.

M. AGRIPPA.
secundi moduli.
M. Agrippa L. F. Cos. III. Caput laureatum.
S. C. Neptunus stans d. Delphinum s. tridentem vel hastam.
Imp. Divi P. Duo capita adversa Cæsaris & Agrippæ.
Col. Nem. Crocodillus alligatus Palmæ cum duobus corollis.
tertii moduli.
Imp. Divi P. Duo capita adversa Cæsaris & Agrippæ.
Col. Nem. Crocodillus alligatus Palmæ unica corollis.

AGRIPPINA M. AGRIPPÆ F.
primi moduli.
Agrippina M. F. Germanici Cæsaris.
Imp. Ti. Claudius Cæsar Aug. Germen. Tr. P.
Agrippina M. F. Mat. Cæsaris Augusti. Caput Agrippinæ.
S. P. Q. R. Memoriæ Agrippinæ. Carpentum a mulis tractum.

TIBERIUS.
primi moduli.
Ti. Cæsar. Divi Aug. F. August. P. M. Tr. Pot. S. C.
Templum pulcherrimum seu columnarum cum ponticibus & statuis, una insidet Ara.
Ti. Cæsar Divi Aug. F. August. P. M. Tr. Pot. XXXIIII. S. C.
Civitatibus Asiæ restitutis. Figura Augusti sedens d. pateram s. hastam.
Ti. Cæsar Divi Aug. F. August. P. M. Tr. Pot. XXXVII. S. C.
Quadriga triumphalis vacua.
Secundi Moduli.
Ti. Cæsar Aug. F. Augustus Imp. VIII. Caput Tiberii nudum.
S. C. Pontif. Maxim. Tribun. Potest. XXIIII.
Ti. Cæsar. Div. Aug. F. Imp. VIII. Caput nudum.
S. C. Pontif. Maxim. Potest. XXXVII. Caduceus alatus.
Ti. Cæsar. Divi Aug. F. Augustus Imp. VIII. Caput laureatum.
S. C. Pontif. Maxim. Tribun. Potest. XXVII. Thomo sibi impositus.
Ti. Cæsar Divi Aug. F. Augustus. Caput laureatum.
Roma & Aug. Ara duabus victoriolis ornata.

DRUSUS.
primi moduli.
Drusus Cæsar Ti. Aug. F. Divi Aug. N. Pont. Tr. Pot. II. S. C.
Capita Gemellorum Drusi & Tiberii e cornibus copiæ assurgentia educuro intermedio.
Secundi moduli.
Drusus Cæsar Ti. Aug. F. Divi Aug. N. Caput Drusi nudum.
S.

IMPERATORUM ROMANORUM. 23
S. C. Tribunic. Potest. iter Pontif.
GERMANICUS.
 secundi moduli.
Germanicus Cæsar Ti. Aug. F. Divi Aug. N.　Caput
　Germanici nudum.
S. C. Ti. Claudius Cæsar Aug. Germ. P. M. Tr. P.
　Imp. P. P.
Germanicus Cæsar Ti. Aug. F. Divi Aug. N.　Caput na-
　dum.
C. Cæsar Divi Aug. Pron. Aug. P. M. Tr. P. II H.
S. C.
Germanicus Cæsar.　Germanicus in curpento a quatuor
　equis tracto.
S. C. Signis recept. de victis German.　Germanicus
　stans s. parazonium.
 . . . . . .　Caput Germanici nudum .
 . . . . C. Massio, Frisco II. Vir.　In corona.
NERO CLAUDIUS DRUSUS.
 Primi moduli.
Nero Claudius Drusus Germanicus Imp.　Caput nudum.
S. C. Ti. Claudius Cæsar Aug. P. M. Tr. P. Imp.
　Imp. Sella congeriei armorum insidens s. chartam.
ANTONIA AUGUSTA.
 secundi moduli.
Antonia Augusta.　Caput Antoniæ.
S. C. Ti. Claudius Cæs. Aug. P. M. Tri. Pot. Imp.
　Antonia velata d. simpulum.
CAJUS CALIGULA.
 Primi moduli.
C. Cæsar Aug. Germanicus Pon. Max.　Caput Caligulæ
　nudum.
Adlocut. Coh.　Imperator togatus alloquitur milites.
C. Cæsar Aug. Germanicus. P. M. Tr. P.　Pietas.
　Figura sedens d. pateram.
S. C. Divo Aug.　Tres figuræ sacrificantes coram tem-
　plo.
C. Cæsar Aug. Germanicus P. M. Tr. P.　Caput lau-
　reatum.
Agrippina. Drusilla. Julia.　Tres Figuræ muliebres
　stantes.
 secundi moduli.
C. Cæsar. Aug. Germanicus Pon. Max. Tr. P.　Caput
　nudum.
S. C. Vesta.　Vesta sedens d. pateram.
C. Cæsar. Aug. Germanicus Pon. Max. Tr. P.　Caput
　nudum.
S. C. Vesta.　Figura sedens d. pateram.
C. Cæsar Divi Aug. Pron. Aug. P. M. Tr. P. IIII. P. P.
S. C.
Nero & Drusus Cæsares.　Duæ figuræ decurrentes in
　equis.
 Tertii moduli.
C. Cæsar Aug. Germanicus.　Caput nudum.
Ger. Cæs. Patero II. Vir.　Caput Germanici.
TI. CLAUDIUS.
 primi moduli.
Ti. Claudius Cæsar. Aug. P. M. Tr. P.　Caput Claudii
　nudum.
S. C. Vesta.　Vesta sedens d. pateram.
C. Cæsar. Aug. Germanicus Pon. Max. Tr. P.　Cæsar
　nudum.　Neroi

84 NUMMISMATA ÆNEA

Nero Claud. Drusus Germ. Imp.   Arcus triumphalis cum statua equestri & Germanorum spoliis.
Ti. Claudius Cæsar Aug. P. M. Tr. P. Imp.   Caput Claudii laureatum.
S. C. Spes Augusta.   Typus Spei.
Ti. Claudius Cæsar Aug. P. M. Tr. P. Imp.   Caput laureatum.
Ob. Cives Servatos ex S. C.   In Corona civica.
Ti. Claudius Cæsar Aug. P. M. Tr. P. Imp. P. P.   Caput laureatum.
Ex S. C. P. P. Ob. Cives Servatos.   In Corona civica.
Ti. Claudius Cæsar . . . . .   Caput Laureatum.
Spes August.   Typus Spei.
Secundi Moduli.
Ti. Claudius Cæsar Aug. P. M. Tr. P. Imp.   Caput laureatum.
S. C. Libertas Augusta.   Libertas stans d. pileum.
. . . . Claudius .   Caput laureatum.
S. C. nummus non bene cusus.   Figura sellæ curuli insidens.
Ti. Claudius Cæsar Aug. P. M. Tr. P. Imp.   Caput laureatum.
S. C. Ceres Augusta.   Ceres sedens d. spicas , s. taedam.
Ti. Claudius Cæsar Aug. P. M. Tr. P. Imp.   Caput nudum.
S. C.   Pallas galeata d. pileum , s. clypeum.
Ti. Claudius Cæsar Aug. P. M. Tr. P. Imp.   Caput Claudii nudum.
S. C. Constantiæ Augusti.   Pallas galeata d. attollens s. hastam.
Ti. Claudius Cæsar Aug. Germanicus.   Caput nudum.
Col. A. A. Patr. XVII.   Aquila legionaria inter signa cohortium.
Imp. Ti. Claudius, Germ.   Caput laureatum.
S. C.   In Corona laurea.
Nero Claud. Imp. Lucius Volumnio II. Vir.   Caput nudum · post collum Sceptrum.
Nero Claud. Cæsar. Im. & Octavia Aug. F.   Caput Octaviæ & Neronis . luna & stella.
. . . . . . Caput Claudii nudum.
. . . . . tel. Cor.   Templum monticulis insidens .
VAL. MESSALINA.
Secundi Moduli.
Ti. Claudius Cæs. . . . .   Caput Claudii nudum.
Messalinæ Capito . . . . .   Caput Messalinæ .   Col. incerta .
NERO.
primi moduli.
Nero Claud. Cæsar Aug. Ger. P. M. Tr. P. Imp. P. P.   Caput Neronis laureatum.
S. C. Pace P. R. Terra Marique parta Templum Jani clusit.   Templum Jani clausum.
Nero Claud. Cæsar Aug. Ger. P. M. Tr. P. Imp. P. P.   Caput laureatum.
S. C. Arcus triumphalis marmoreus statuis ornatus , supra quem quatuor Equi Ænei.
Nero Claud. Cæsar Aug. Ger. P. M. Tr. P. Imp. P. P.   Caput laureatum.
S. C. Roma.   Roma galeata sedens super arma .

Ne-

IMPERATORUM ROMANORUM. 55

Nero Cæsar Aug. Ger. P. M. Tr. P. Imp. P. P.   Caput laureatum.
S. C. Port. Aug.   Portus in quo plurimæ naves cum Fluvio decumbente.
Imp. Nero Cæsar Aug. P. Max. Tr. Pot.   Caput laureatum.
S. C. Annona Augusti Ceres.   Ceres sedens s. rudarii d. eorum admovet, cornua abundantiæ fnore. Navis prora in termedis.
Nero Claud. Cæsar Aug. Ger. P. M. Tr. P. Imp. P. P.   Caput laureatum.
S. C. Decursio.   Duæ figuræ decurrentes in equis.
Imp. Nero Claud. Cæs. Aug. Ger. P. M. Tr. P. Imp. P. P.   Caput laureatum.
S. C. Ad locut. Coh.   Imp. in suggestu figuræ patiter togatæ assistente alloquitur Cohortes, secundi moduli.
Imp. Nero Claud. Cæs. Aug. Ger. P. M. Tr. P. Imp. P. P.   Caput laureatum.
S. C. Pace terra marique parta Templum Jani clausit.   Templum Jani clausum.
Imp. Cæs. Aug. Ger. P. M. Tr. P. Imp.   Caput laureatum.
S. C.   Victoria gradiens d. globum in quo S. P. Q. R.
Imp. Nero Cæs. Aug. P. M. Tr. P.   Caput laureatum.
S. C. Victoria Augusti.   Victoria alata gradiens d. coronam.
Nero Claud. Cæsar Aug. Ger. P. M. Tr. P. Imp. P. P.   Caput laureatum.
S. C. Victoria Augusti.   Victoria alata gradiens d. coronam.
Imp. Nero Claud. Cæsar. Aug. Ger. P. M. Tr. P. P. P.   Caput radiatum.
S. C. Roma.   Roma galeata sedens super arma.
Imp. Nero Claud. Cæsar Aug. Ger. P. M. Tr. P. Imp. P. P.   Caput laureatum.
S. C. Mac. Aug.   Macellum Augusti.
Nero Cæsar. Aug. Germ. Imp.   Caput laureatum.
Nero Cæsar. Aug. Germ. Imp.   Caput laureatum.
Nero Claud. Cæsar. Aug. Ger. P. M. Tr. P. Imp. P. P.   Caput radiatum.
S. C. Genio Augusti.   Figura virilis stans d. pateram s. cornucopiæ, pro pedibus Ara.
ΘΕΟΣ ΣΕΒΑΣΤΟΣ   Divus Augustus   Caput radiatum Augusti.
ΝΕΡΩΝ. ΚΛΑΥΔΙ. ΚΑΙ. ΣΕΒ. ΓΕR.   Nero Claudius Cæsar. Aug. Ger.   Caput Neronis radiatum.
ΝΕΡΩΝ. ΚΛΑΥ. ΣΕΒ.   Nero Claudius Aug.   Caput Neronis.
......   Caput muliebre ornatum.
Nero Claudius Aug.   Caput laureatum.
...... II Vir   solenni incessu.   Figura togata.
Nero Claudius ......   Caput radiatum.
Ex consensu   Col Cibalis   Taurus.
Nero Cæsar Aug. Imp.   Caput laureatum. quarti moduli.

C   Cæs

NUMISMATA ÆNEA

Cæs. Quinq. Rom. Cons. S. C. Mensa in qua cerulis & Olla.

POPPÆA UXOR NERONIS.

ΝΕΡ. ΚΛΑΥ. ΚΑΙΣ. ΣΕΒ. ΓΕΡ. ΑΥ. Nero Claud. Cæs. Aug. Ger. Imp. Caput radiatum.

ΠΟΠΠΑΙΑ. ΣΕΒΑΣΤ. Η. II. Poppæa Aug. Anno X. Caput Poppeæ.

OCTAVIA UXOR NERONIS.

ΝΕΡΩΝ. ΚΛΑΥ. ΚΑΙΣ. ΣΕΒ. Nero Claud. Cæs. Aug. Caput laureatum.

Caput Octaviæ. Octavia Neronis Aug. Caput Octaviæ.

GALBA. . II Vir. Col. Cor. Figura togata stans.

Primi moduli.

Ser. Galba Imp. Cæs. Aug. Caput Galbæ laureatum.
S. C. Libertas Publica. Libertas stans d. pileum s. hastam.

Secundi moduli.

Ser. Galba Imp. . . . Caput laureatum.
S. P. Q. R. Ob Cives Servatos. In corona civica.
Ser. Galba Imp. Cæs. Aug. Caput laureatum.
S. C. Libertas Publica. Typus libertatis staris.
Ser. Galba Cæs. Aug. Caput laureatum.
S. C. Vesta. Vesta sedens.
Ser. Galba Imp. Cæs. Aug. Caput laureatum.
Duo signa militaria. Aquila legionaria in medio.
Ser. Galba Imp. Cæs. Aug. Caput laureatum.
S. C. Pax Augusti. Mulier stans s. cornucopiæ.

OTHO.

Primi moduli.

Imp. Otho Cæsar. Aug. Tr. P. Caput Othonis nudum.
S. C. Securitas P. R. Securitas porrigit d. Imperatori super aram ignitam adstantibus signis legionum & Cohortium. falsa.

VITELLIUS.

Primi moduli.

A. Vitellius Germanicus Imp. Aug. P. M. Tr. P. Caput Vitellii laureatum.
S. C. Honos & Virtus. Mulier d. hastam s. cornucopiæ læva pede premens globum. Imper. paludatus d. parazonium s. hastam, dextro pede premens galeam. falsa.

VESPASIANUS.

Primi moduli.

Imp. Cæs. Vespasian. Aug. P. M. Tr. P. P. P. Cos. III. Caput laureatum.
S. C. Pax Augusti. Mulier sedens stans d. favem s. cornucopiæ.
Imp. Cæs. Vespasian. Aug. P. M. Tr. P. P. P. Cos. III. Caput laureatum.
S. C. Mars dextrorsum gradiens trophæum ferens.
Imp. Cæs. Vespasian. Aug. P. M. Tr. P. P. F. Cos. III. Caput laureatum.
S. C. Victoria alata gradiens d. coronam.
Imp. Cæs. Vespasianus . . . Caput laureatum. S. P.

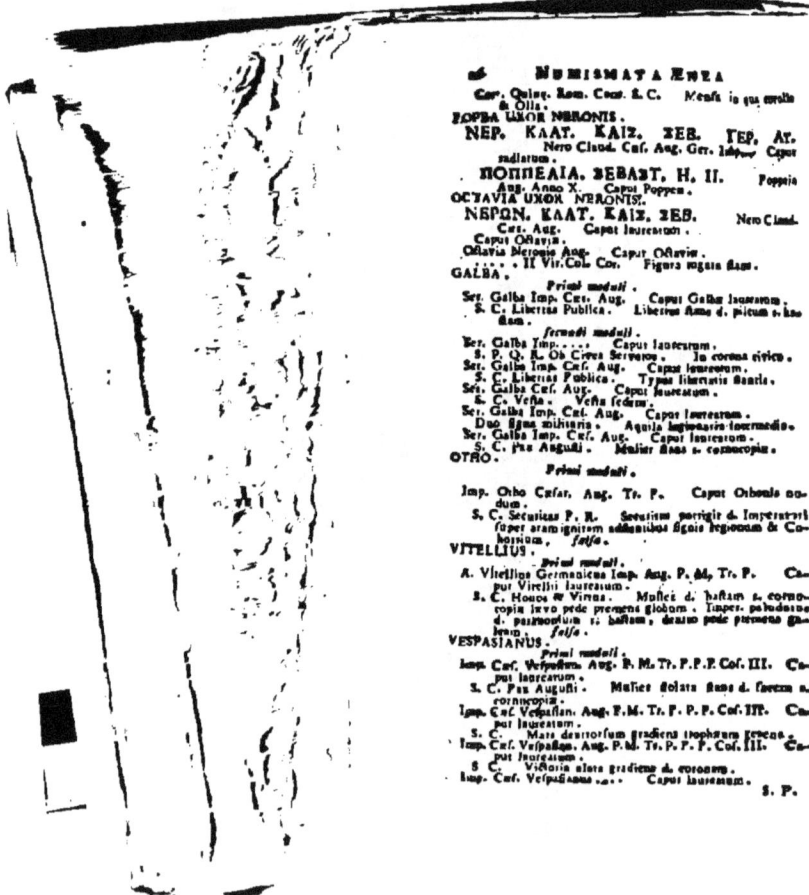

IMPERATORUM ROMANORUM. 27
S. P. Q. R. Ob cives servatos. In corona civica.
Imp. Cæs. Vespasian. Aug. P. M. Tr. P. Cos. II. Caput
  laureatum.
S. C. Judæ. Capta. Imp. paludatus stans sub palma
  sevolit. Mulier mæsta spoliis insidens Judæam repræ-
  sentans a cubito caput sustentat.
Cæs. Vesp. Imp. Pon. Tr. P. Cos. II. Cens. Caput lau-
  reatum.
S. C. Fortunæ reduci. Typus Fortunæ stantis d. the-
  monem.
Imp. Cæs. Vespasianus Aug. Caput laureatum.
S. C. Typos Spei stantis,
  frenandi moduli.
Imp. Cæs. Vespasian. Aug. Caput radiatum.
S. C. Pax Aug. Figura stans d. pateram superatoriam,
  pro pedibus Ara ignita.
Imp. Cæs. Vespasian. Aug. Cos. III. Caput radia-
  tum.
S. C. Roma. Roma insidens super arma d. laureolam a-
  sceptrum.
Imp. Cæs. Vespasian Aug. Caput laureatum.
Pon. Max. Tr. Pot. Cos. VI. Cens. Duæ Cornucopiæ
  intermedio caduceo alato.
Imp. Cæs. Vespasianus Aug. Cos. II. Caput laurea-
  tum.
S. C. Æquitas Augusti. Figura muliebris stans.
Imp. Cæs. Vespasian. Aug. . . . Caput laureatum.
S. C. Æquitas Publica. Figura muliebris stans.
Imp. Cæs. Vespasian. Aug. Cos. III Caput laurea-
  tum.
S. C. Pax Augusti. Mulier stans d. focem a. cornu-
  copia.
Imp. Cæs. Vesp. Aug. P. M. T. P. Cos. VI. Caput ra-
  diatum.
S. C. Felicitas Publica. Mulier stans a. cornuco-
  piæ.
Imp. Cæs. Vesp. Aug. P. M. Tr. P. Cos. VIII. Caput
  laureatum.
S. C. Securit. Aug. Mulier sedens d. baculum a. oc-
  cipae sustinet, ante pedes Ara.
Cæs. Vespasian. Aug. Cos. VI. Caput laureatum.
S. C. Victoria Augusti. Victoria alata gradiens d. co-
  ronam.
Imp. Cæs. Vespasian. Aug. Cos. III. Caput laurea-
  tum.
S. C. Victoria Navalis. Victoria prorae navis insistens
  d. coronam.
Imp. Cæs. Vespasian. Aug. Cos. III. Caput radia-
  tum.
S. C. Concordia Augusti. Mulier sedens a. cornuco-
  piæ.
Imp. Cæs. Vespasian. Aug. . . . . . Caput laurea-
  tum.
. . . . Aquila globo insidens alis expansis.
  toroli modulo.
Imp. Cæs. Vespasianus Aug. Caput laureatum.
Pon. Max. Tr. P. Cos. VI. Mulier sedens d. ramum.

ΑΥΤΟΚΡΑΤΟΡ. ΚΑΙΣΑΡ. ΟΥΕΣΠ. Ca-
                                                put

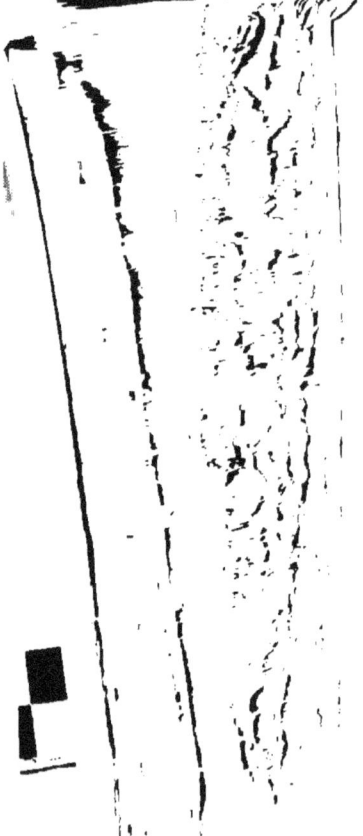

NUMISMATA ENEA

qui laureatum
ΜΑΚΕΔΟΝΩΝ. ΣΕΒΑΣΤΟΣ. Macedonum Imperator. Clypeus aureus a Macedonibus, Imperatoribus Romanis offerri solitus.

TITUS. *Primi moduli.*
Imp. T. Caef. Vefp. Aug. P. M. Tr. P. P. P. Cof. VIII. Caput Titi laureatum.
S. C. Annona Aug. Mulier ftans d. iconiculam r. cornucopiæ, pro pedibus modium cum fpicis, a tergo prora Navis.
Imp. T. Caef. Vefp. Aug. P. M. Tr. P. P. P. Cof. VIII. Caput laureatum.
S. C. Mulier ftans d. florem s. veftem elevat.
Ti. Caef. Vefpafian. Aug. Imp. III. Pont. Tr. Pot. II. Cof. II. Caput laureatum.
S. C. Victoria Augufti. Victoria infcribens clypeo in palma pendulo VIC. AVG.
Imp. Ti. Caef. Vefpafian. Aug. P. M. AT. P. Cof. II. Caput laureatum.
S. C. Victoria Augufti. Victoria infcribens clypeo trunco Palmæ impofito ad pedes mulier mæfta fidens, ideft Judæa.
Imp. T. Caef. Vefp. Aug. P. M. Tr. P. P. P. Cof. — Caput laureatum.
S. C. Jud. Cap. Palma fructibus onufta prope quam, hinc figura mæfta thoraci infider, illinc Figura virilis manibus poft tergum revinctis prope clypeum.

Secundi moduli.
Imp. T. Caef. Vefp. Aug. P. M. Tr. P. Cof. VIII. Caput laureatum.
S. C. Æquitas Augufti. Figura ftans d. bilancem s. haftam.
Imp. T. Caef. Vefp. Aug. P. M. Tr. P. Cof. VIII. Caput laureatum.
S. C. Mulier ftans d. florem s. veftem elevat.
Imp. T. Caef. Vefp. P. M. Tr. P. Cof. VIII. Caput radiatum.
S. C. Ceres Augufta. Ceres ftans d. fpicas s. baculum oblongum.
Imp. T. Caef. Vefp. Aug. P. M. Tr. P. Cof. VIII. Caput laureatum.
S. C. Pax Augufti. Pax tuta arma combutit.
Imp. T. Caef. Vefp. Aug. P. M. Tr. P. Cof. VIII. Caput laureatum.
S. C. Æternitati Aug. Figura ftans e. pede globum calcatos d. cornucopiæ s. haftam.
Imp. T. Caef. Vefpafianus Cof. VIII. Caput laureatum.
S. C. Victoria Augufti. Victoria gradiens d. coronam
T. Caef. Vefpafian. Aug. P. M. Tr. P. Cof. II. Caput laureatum.
S. C. Fides Publica. Duo dextræ junctæ tenentes caduceum & duas fpicas.
T. Caef. Vefpafian. Imp. IIII. P. M. Tr. P. Cof. . Caput radiatum.
S. C. Roma. Roma galeata fedens d. coronam.
T. Caef. Vefpafian. Imp. . . . Caput laureatum.
S. C. . . . . Ara Providentiæ.

T. Caef.

IMPERATORUM ROMANORUM.

T. Cæf. Imp. Pont. — Caput Titi laureatum.
S. C. Tr. P. Cof. III. Cenfor. — Duplex cornucopiæ caduceo intermedio.
. . . . . . — Caput Titi laureatum.
. . . . . . — Caput Jovis Ammonis cornutum.

JULIA SABINA TITI F.
Primi moduli.
Divæ Juliæ Aug. Divi Titi F. S. P. Q. R. — Carpentum.
Imp. Cæf. Domit. Aug. Germ. Cof. XV. Cenf. Perp.
P. F. S. C.

Secundi Moduli.
Julia Imp. T. Aug. F. Augusta. — Caput Juliæ.
S. C. Vesta. — Vesta sedens d. ieunculam.

DOMITIANUS
Primi moduli.
Imp. Cæf. Domit. Aug. Germ. Cof. XV. Cenf. Tr. P.P.P. — Caput Domitiani laureatum.
S. C. Jovi Victori. — Jupiter sedens d. victoriolam s. hastam.
Imp. Domitian. Cæf. Divi Vespasian. F. Aug. Pont. Max. — Caput laureatum.
S. C. — Mars gradiens d. hastam.
Imp. Cæf. Domit. Aug. Germ. . . . . — Caput laureatum.
S. C. — Victoria d. coronat Imperat. paludatum s. palmam Imp. d. fulmen s. hastam.
Imp. Cæf. Domit. Aug. Germ. Cof. XII. Cenf. Per. P.P. — Caput laureatum.
Adlocut. Coho. — Imp. in suggesta pone quem alia figura. alloquitur Cohortes.
Imp. Cæf. Domitian. Aug. Germ. Cof. XII. — Caput laureatum.
S. C. — Imp. paludatus stans d. parazonium s. hastam, pede dextero figuram Fluvii humi iacentem premit.
. . . . Imp. Domit. — Caput radiatum.
. . . . — Templum duarum columnarum; in medio figura stans.

Secundi Moduli.
Imp. Cæf. Domit. Aug. Germ. Cof. XV. Cenf. Tr. P. F. P. — Caput laureatum.
S. C. Moneta Augusti. — Mulier stans d. bilancem s. cornucopiæ.
Imp. Cæf. Divi Vesp. F. Domit. P. M. Tr. P. VIII. Cof. VII. — Caput radiatum.
S. C. Roma. — Roma galeata sedens super arma.
Imp. Cæf. Domit. Aug. Germ. F. M. Tr. P. VIII. Cenf. Per. P.P. — Caput laureatum.
S. C. Ludos Sec. fec. Cof. XIIII. — Imp. sacrificans coram templo adstante tibicine, & citharœdo.
Imp. Cæf. Domit. Aug. Germ. Cof. XIIII. Cenf. Per. P.P. — Caput laureatum.
S. C. Virtuti Augusti. — Imp. galeatus stans d. hastam s. parazonium lævo pede prostratum orbem.
Imp. Cæf. Domit. Aug. Germ. Cof. XX. — Caput radiatum.
S. C. Fortunæ Augusti. — Mulier stans d. thæmonem s. cornucopiæ.
Imp. Cæf. Domit. Aug. Germ. Cof. XI. Cenf. Per. P. P. — Caput laureatum.
S. C.

NUMISMATA ÆNEA

S. C. Virtuti Augusti. Victoriæ componens tropæum super truncum.
Imp. Cæf. Domit. Aug. Germ. Cof. X. Cenf. Per. P. P. Caput laureatum.
S. C. Fidei Publicæ. Mulier ftans d. fpicas s. canistrum frugum.
Imp. Cæf. Domit. Aug. Germ. Cof. XII. Cenf. Per. P. P. Caput radiatum.
S. C. Duo fcuta oblonga decuffatim intermedio labaro.
Cæf. Divi Vefp. F. Domitian. Cof. VII. Caput laureatum.
S. C. Concordia Aug. Mulier fedens d. paterum s. cornucopiæ.
Imp. Cæf. Domit. Aug. Germ. Cof. XIII. Cenf. Per. P.P. Caput laureatum.
S. C. Fortunæ Augufti. Mulier ftans d. thesaurorum s. cornucopiæ.
Cæfar Aug. F. Domitian. Cof. II. Caput laureatum.
S. C. Fælicitas Publicæ. Mulier ftans d. ramum s. caduceum oblongum.
Imp. Cæf. Divi Vefp. F. Domitian. Aug. Germ. Caput laureatum.
S. C. Tr. Pot. Cof. VIII. Def. VIIII. Pallas galeata d. haftam s. clypeum.
Imp. Cæf. Divi Vefp. F. Domitian. Aug. Germ. Cof. X.... Caput laureatum.
S. C. Victoria alata gradiens.
.... Domitiano Aug. Germ. Caput radiatum.
S. C. Mars gradiens d. victoriolam s. trophæum.
Imp. Cæf. Domitian. Aug. Caput radiatum.
S. C. Saluti Augufti. Ara.
Cæfar Aug. F. Domitian. Cof. II. Caput laureatum.
S. C. Æquitas Augufti. Mulier ftans d. bilancem.
Cæfar Aug. F. Domitian. Cof. II. Caput laureatum.
S. C...... Mulier d. florem s. veftem elevat.
Imp. Cæf. Domit. Aug. Cef. P. M. Tr. P. Caput laureatum.
Gen. Col. A. A. Patr. Genius ftans d. paterum fuper braum s. cornucopiæ.
Imp. Cæf. Domit. Aug. ...... Caput laureatum.
Col. A. A. Patr. XXII. Aquila legionum inter duo figna militaria.
Imp. Cæf. Dom. Aug. Germ. .... Caput laureatum.
Deanæ Patr. Dianæ Patronæ. Diana Venatrici habitu ftans d. ad latus oppofita s. arcum impofitum ara, ab alio latere canis.
Imp. Cæf. Domit. Caput laureatum.

Verfus.
DOMITIA DOMITIANI UXOR.
Domitia Aug. Imp. Domit. Aug. Caput Domitiæ.
Domitiani uxor Divi Cæfaris Mater. Mulier fedens d. paterum s. haftam, ad pedes Ara.

NER,

NERVA.

Primi moduli.

Imp. Nerva Cæs. Aug. Tr. P. Cos. VII. P. P.　Caput Nervæ laureatum.

S. C. Congii Dat. Po. R.　Imp. sedens congiarium distribuit ædificatibus quatuor figuris.

Imp. Nerva Cæs. Aug. P. M. Tr. P. . . .　Caput laureatum.

S. C. Vehiculatione Italiæ remissa.　Duæ Mulæ pascentes.

Imp. Nerva Cæs. Aug. P. M. Tr. P. Cos. III. P. P.　Caput laureatum.

S. C. Roma renascens.　Mulier galeata sedens d. victoriolam s. hastam.　*Secundi Moduli.*

Imp. Nerva Cæs. Aug. P. M. Tr. P. Cos. III. P. P.　Caput radiatum.

S. C. Concordia Exercituum.　Duæ dextræ junctæ signo militari intermedio.

Imp. Nerva Cæs. Aug. P. M. Tr. P. Cos. III. P. P.　Caput laureatum.

S. C. Libertas Publica.　Mulier stans d. pileum s. hastam.

Imp. Nerva Cæs. Aug. P. M. Tr. P. Cos. III.　Caput laureatum.

S. C. Fortuna Augusti.　Mulier stans d. thumonem s. cornucopiæ.

TRAJANUS.

Primi moduli.

Imp. Cæs. Nervæ Trajano Aug. Ger. Dac. P. M. Tr. P. Cos. . . .　Caput Trajani laureatum.

S. C. S. P. Q. R. Optimo Principi.　Mulier stans d. ramum s. cornucopiæ rede dexterum premit leunculam.

Imp. Cæs. Nervæ Trajano Aug. Ger. Dac. P. M. Tr. P. . .　Caput laureatum.

S. C. Concordia.　Mulier sedens d. pateram.

Imp. Cæs. Nervæ Trajan. Aug. Ger. Dac.　Caput laureatum.

S. C. Tr. Pot. Cos. II.　Mulier sedens d. pateram super Aram s. duplex cornucopiæ.

Imp. Cæs. Nervæ Trajan. Aug. Ger. P. M.　Caput laureatum.

S. C. Tr. Pot. Cos. II.　Mulier sedens d. pateram s. hastam.

Imp. Cæs. Nervæ Trajano Aug. Ger. Dac. P. M. Tr. P. Cos. V. P P.　Caput laureatum.

S. C. S. P. Q. R. Optimo Principi.　Decebatur clypeis insidens ad trophæum luget.

Imp. Cæs. Nervæ Trajano Aug. Ger. Dac. P. M. Tr. P. Cos. V. P. P.　Caput laureatum.

S. C. S. P. Q. R. Optimo Principi.　Imp. paludatus stans d. palladium s. hastam.

Imp. Cæs. Nervæ Trajan. Aug. Germ. P. P.　Caput Trajani laureatum.

S. C. Tr. Pot. Cos. IIII. P. P.　Mulier sedens d. s. hastam.

Imp. Cæs. Nervæ Trajano Aug. Ger. Dac. P. M. Tr. P. Cos.　Caput laureatum.

S. C.　Mulier sedens d. pateram super aram.

Imp. Cæs. Nervæ Trajano Aug. Ger. Dac. P. M. Tr. P. Cos. . . .　Caput laureatum.　S. C.

NUMISMATA ÆREA

S. C. S. P. Q. R. Optimo Principi. Imp. Equus curſ. vum ſupplantans.
Imp. Cæſ. Nervæ Trajan. Aug. Ger. Dac. P. M. Caput laureatum.

S. C. S. P. Q. R. Optimo Principi. Victoria clypeo palmæ appenſo inſeribit: VIC. DAC.
Imp. Cæſ. Nervæ Trajanus Aug. Germ. P. M. Caput laureatum.

S. C. Tr. Pot. Coſ. IIII. P. P. Dea Clementiæ ſedens d. laurum a. ſceptrum.
Cæſ. Nervæ Trajano Aug. Ger. Dac. P. M. Tr. P. Coſ. V. P. P. Caput laureatum.

S. C. Armenia & Meſopotamia in poteſtatem P. R. redactæ. Imp. paludatus ſtans inter duos fluvitum figuras; tertia figura jacente capite tonſo.
Imp. Cæſ. Nervæ Trajano Aug. Ger. Dac. P. M... Caput laureatum.

S. C. S. P. Q. R. Optimo Principi. Mulier ſtans d. ſpicas a. cornucopiæ, pes pedibus a porta deterritus conſignum a ſiniſtra prora Navis.
Imp. Cæſ. Nervæ Trajano Aug. Ger. Dac. P. M... Coſ. II. P. P. Caput laureatum.

S. C. S. P. Q. R. Optimo Principi. Figura fluminis arundinem geſtans proculcat figuram humi ſedentem.
Imp. Cæſ. Nervæ Trajano Aug. Ger. Dac. P. M, Tr. P. Coſ. V. P. P. Caput laureatum.

S. C. S. P. Q. R. Optimo Principi Aquæ Trajanæ. Figura fluvii decumbentis ſub fornice.
Imp. Cæſ. Ner. Trajan. Optimo Aug. Ger. Dac. P. M. Tr. P. Coſ. VI. P. P. Caput laureatum.

S. C. Senatus Populuſque Romanus. Mulier ſtans d. caduceum a. cornucopiæ.
Imp. Cæſ. Ner. Trajano Optimo Aug. Ger. Dac. Parthico P. M. Tr. P. Coſ. VI. P. P. Caput laureatum.

S. C. S. P. Q. R. Providentis Auguſt. Figura ſtolata ſtans d. protendit ſuper globum a. columnæ innixa.
Imp. Cæſ. Nervæ Trajano Aug. Ger. Dac. P. M. Tr. P. Coſ. VI. P. P. Caput laureatum.

S. C. Fortunæ Reduci. Mulier ſedens d. thermopium a. cornucopiæ.
Imp. Cæſ. Nervæ Trajano Aug. Ger. Dac. P. M. Tr. P. Coſ... Caput laureatum.

S. C. S. P. Q. R. Optimo Principi. Pons cum Ædificio anteriore & navicula.
Imp. Cæſ. Nervæ Trajano Aug. Ger. Dac. P. M. Tr. P. Coſ... Caput laureatum.

S. C. S. P. Q. R. Optimo Principi. Imp. paludatus ſtans d. palladium a. haſtam ad pedes figura genuflexa.

ΑΥΤ. ΚΑΙΣ. ΝΕΡ. ΤΡΑΙΑΝ. ΣΕΒ. ΓΕΡΜΑΝΙΚΩ Ç. Anno X. Imp. Trajanus Aug. Germ. Caput laureatum. Serapis ſtans coronatur a Muliere retro ſtante.
Secundus Modulus.
Imp. Cæſ. Nervæ Trajano Aug. Ger. Dac. P. M. Tr. P.

IMPERATORUM ROMANORUM.

Caput laureatum.
S. C. S. P. Q. R. Optimo Principi. Imp. Eques ex-
peditum supplantans.
Imp. Cæf. Nervæ Trajan. Aug. Ger. Dac. P. M... ICa-
put laureatum.
S. C. S. P. Q. R. Optimo Principi. Victoria clypeo
palmæ appenso inscribens VIC. DAC.
Imp. Cæf. Nervæ Trajano. Aug. Germ... Caput ra-
diatum.
S. C. Tr. Pot. Cof. II. P. P. Mulier fedens d. haftam
s. coronocopiæ.
Imp. Cæf. Nervæ Trajan. Aug. Ger. Dac. P. M... Ca-
put laureatum.
S. C. Senatus Populusque Romanus. Victoria gra-
diens d. coronam s. palmam.
Imp. Nervæ Trajano Aug. Ger. Dac. P. M. Caput lau-
reatum.
S. C. S. P. Q. R. Optimo Principi. Tria figna mili-
taria.
Imp. Cæf. Nervæ Trajano Aug. Ger. Dac. P. M. Tr. P.
Cof. V. P. P. Caput radiatum.
S. C. S. P. Q. R. Optimo Principi. Thorax.
Imp. Cæf. Nervæ Trajano Aug. Ger. Dac. P. M. Tr. P.
Cof. V. P. P. Caput laureatum.
S. C. S. P. Q. R. Optimo Principi. Mulier ftans d.
bilancem s. cornucopiæ.
Imp. Cæf. Nervæ Trajano Aug. Ger. P. M. Tr. P. Cof. V.
P. P. Caput laureatum.
S. C. S. P. Q. R. Optimo Principi. Decebalus cly-
peis infidens ad tropæum inter.
Imp. Cæf. Nervæ Trajano Aug. Ger. Dac. P. M. Tr. P.
Cof. Caput laureatum.
S. C. S. P. Q. R. Optimo Principi. Mulier
ftans s. cornucopiæ pro pedibus fronculus.
Imp. Cæf. Nervæ Trajano Aug. Ger. Dac. P. M. Tr. P.
Cof. V. P. P. Caput radiatum.
S. C. S. P. Q. R. Optimo Principi. Trophæum.
Imp. Cæf. Nervæ Trajano. Aug. Ger. Dac... Caput
laureatum.
S. C. Victoriæ Navalis. Victoria alata navi infidens
d. coronam s.
Imp. Cæf. Nervæ Trajan. Aug. Germ. P. M. Caput lau-
reatum.
Tr. Pot. Cof. V. S. C. Victoria alata gradiens d.
clypeum, in quo S. P. Q. R. s. palmam.
Imp. Cæf. Nervæ Trajan. Aug. Germ. P. M. Caput lau-
reatum.
S. C. Tr. Pot. Cof. IV. P. P. Victoria volitans d. tol-
lit clypeum, in quo S. P. Q. R.
Imp. Cæf. Nervæ Trajan. Aug. Germ. P. M. Caput ra-
diatum.
Tr. Pot. Cof. II. S. C. Mulier fedens.
Imp. Cæf. Nervæ Trajan. Aug. Ger. Dac. P. M. Tr. P...
Caput radiatum.
S. C. Senatus Populusque Romanus. Imp. inter duo
trophæa, quorum aliud amplectitur, ad aliud manum
tendit jelo armatam.
Imp. Cæf. Nervæ Trajan. Aug. Ger. Dac. P. M. Ca-
put laureatum.
S. C....... Victoria gradiens d. coronam, bu-
meris

NUMISMATA ÆNEA

mero trophæum gestans.
Imp. Cæs. Nervæ Trajano Aug. Ger. Dac. P. M. Tr. P.
Cos. V. P. P.   Caput radiatum.
S. C. S. P. Q. R. Optimo Principi.   Mulier sedens d.
pateram super aram e qua serpens.
Imp. Cæs. Nervæ Trajan. Aug. Ger. Dac. P. M. Tr. P.
          Caput laureatum.
S. C. S. P. Q. R. Optimo Principi.   Imp. paludatus
stans s. hastam.
Imp. Cæs. Nervæ Trajan. Aug. Ger. Dac. P. M. Tr. P.
          Caput laureatum.
S. C. Senatus Populusque Romanus.   Duo Tro-
phæa.
Imp. Cæs. Nervæ Trajan. Aug. Ger. Dac. P. M.... Ca-
put radiatum.
S. C. S. P. Q. R. Optimo Principi.   Trophæum.
Imp. Cæs. Nervæ Trajano Aug. Ger. Dac. P. M. Tr. P.
Cos. V. P. P.   Caput laureatum.
S. C. S. P. Q. R. Optimo Principi.   Mulier stans d.
thronorum s. cornucopiæ.
Imp. Cæs. Nervæ Trajano Aug. Ger. Dac. P. M. Tr. P.
Cos. ....   Caput radiatum.
S. C. S. P. Q. R. Optimo Principi.   Mulier stans
d. malum qua combusit spolia belli s. cornuco-
piæ.
Imp. Cæs. Nervæ Trajan. Aug. Ger. Dac. P. M. Tr. P.
Cos. V. P. P.   Caput laureatum.
S. C. S. P. Q. R. Optimo Principi.   Plura scutorum
genera cum signis.
Imp. Cæs. Nervæ Trajan Aug. Germ. P. M.   Caput lau-
reatum.
S. C. Tr. Pot. Cos. IIII. P. P.   Mulier sedens d. cla-
m s. cornucopiæ.
Imp. Cæs. Nervæ Trajan. Aug. Ger. P. M. Tr. P. Cos.
V. P. P.   Caput radiatum.
S. C. S. P. Q. R. Optimo Principi.   Imp. Eques ha-
stam humi jacentem supplantans.
Imp. Cæs. Trajano Optimo Principi.   Caput radia-
tum.
Ger. Dac. Parthico P. M. Tr. P. XX. Cos. VI. P. P.
In Corona   S. C. in alia interiori
corona.

..... ΝΟΣ. ΑΡΙΣ. ΝΕΡ. ΤΡΑΙΑΝΩΣ
ΣΕΒ.   Caput Trajani laureatum.
ΙΟΥΛΙΕΩΝ. ΛΑΟΔΙΚΕΩΝ. ΒΕΡ.   Caput
turritum, & velatum.
..... ΤΡΑΙΑΝΩΣ .....   Caput Traja-
ni laureatum.
..... Dioscuri decurrentes in equis.
ΑΥΤΟΚΡΑ. ΚΑΙΣ. ΝΕΡ. ΤΡΑΙΑΝΟΣ.
ΣΕΒ.   Caput Trajani laureatum.
ΔΗΜΑΡ. Ξ Η ΥΠΑΤ. Β.   In lab-
ara.
Tertii moduli.
Imp. Cæs. Nervæ Trajan. Aug.   Caput laurea-
tum.
                              S. C.

IMPERATORUM ROMANORUM.

S. C. Figura virilis stans super hastam.
Imp. Caef. Nerva Trajan. Aug. Ger. Dac.   Caput laureatum.
S. C. P. M. Tr. P. Cof. VI. P. P. S. P. Q. R. Figura virilis stans d. pateram s. spicas.

PLOTINA.
Primi moduli.
Plotina Aug. Imp. Trajani.   Caput nudum.
S. C. Fides Augusta.   Mulier stans d. spicas s. canistrum frugum.

MATIDIA.
Primi moduli.
Matidia Aug. Diva Marcianæ F.   Caput Matidiæ.
S. C. Concordia Aug.   Mulier stans....

HADRIANUS.
primi moduli.
Hadrianus Aug. . . . .   Caput laureatum.
S. C. Fortuna Aug.   Mulier stans d. thesaurum s. cornucopiæ.
Hadrianus Augustus.   Caput laureatum.
S. C. Moneta Augusti.   Mulier stans d. bilancem s. cornucopiæ.
Hadrianus Augustus.   Caput laureatum.
S. C. Æquitas Aug.   Mulier stans d. bilancem s. hastam.
Imp. Cæf. Divi Tra. Parth. F. Divi Ner. Nep. Trajano Hadriano Aug.   Caput laureatum.
S. C. Pont. Max. Tr. Pot. Cof. in imo Concordia. Concordia sedens d. pateram.
Imp. Cæf. Trajanus Hadrianus Aug.   Caput laureatum.
S. C. Pont. Max. Tr. Pot. Cof. III. in imo, Secur. Aug. Securitas sedens d. pateram s. tegit caput.
Imp. Cæf. Trajanus Hadrianus Aug.   Caput laureatum.
S. C. Pont. Max. Tr. Pot. Cof. IV. In imo Port. Red. Fortuna stans d. thesaurum s. cornucopiæ.
Hadrianus Aug. P. P.   Caput laureatum.
S. C. Hilaritas P. R. Cof. III.   Mulier stans d. palladium s. cornucopiæ hinc & inde duo juvenculæ.
Hadrianus Aug. Cof. III. P. P.   Caput laureatum.
S. C. Fortunæ Reduci.   Duæ Figuræ dextras jungentes.
Imp. C. Trajanus Hadrianus Aug.   Caput laureatum.
S. C. Pont. Max. Tr. Pot. Cof. II. in imo. Annonæ Aug.   Mulier stans s. cornucopiæ, pro pedibus modium e quo spicæ, ante eam prora Navis.
Imp. Cæf. Trajanus Hadrianus Aug.   Caput Hadriani laureatum.
S. C. Pont. Max Tr. Pot. Cof. in imo Annona Aug.   Mulier stans d. spicas s. cornucopiæ pro pedibus modium, a tergo prora Navis.
Imp. Cæf. Trajanus Hadrianus Aug.   Caput laureatum.
S. C. Pont. Max. Tr. Pot. Cof. III. in medio areæ. Vir.

NUMISMATA ÆNEA

Virt. Aug.   Imp. paludatus stans d. sceptrum s. hastam, nude dextero pronus galeatum.
Imp. Cæsar Trajanus Hadrianus Aug.   Caput laureatum.
S. C. Pont. Max. Tr. Pot. Cof. III.   Mulier stans d. caduceum s. cornucopiæ.
Hadrianus Aug. Cof. III. P. P.   Caput laureatum.
S. C. Victoria Aug.   Victoria stans d. admovet bullam e collo pendenti, s. ramum protendens.
Imp. Cæsar. Trajanus Hadrianus Aug.   Caput laureatum.
S. C. Pont. Max. Tr. Pot. Cof. III.   Neptunus d. tridentem, s. delphinum sinistro pede prorae navis insidens.
Hadrianus Augustus. Cof. III. P. P.   Caput laureatum.
S. C. Fides Publica.   Mulier stans d. spicas s. canistrum frugum.
Hadrianus Augustus.   Caput laureatum.
S. C. Cof. III.   Roma galeata sedens super arma d. victoriolam s. cornucopiæ.
Imp. Trajanus Hadrianus Aug.   Caput laureatum.
S. C. Felicitati Aug. in imo Cof. III. P. P.   Navis cum remigantibus
Hadrianus Augustus Cof. III. P. P.   Caput laureatum.
S. C. Justitia Augusti.   Mulier sedens d. pateram s. hastam.
Hadrianus Aug. Cof. III. P. P.   Caput laureatum.
S. C. Salus Aug.   Mulier stans e. pateram d. pascit serpentem super Aram.
Imp. Cæsar Trajanus Hadrianus Aug.   Caput laureatum.
S. C. Pont. Max. Tr. Pot. Cof. III.   Mulier stans d. caduceum s. cornucopiæ.
Hadrianus Aug. Cof. III. P. P.   Caput nudum.
S. C. Adventus Galliæ.   Imp. stans ad Aram delato, ante quem figura muliebris sacrificans d. pateram, prope aram victima.
Hadrianus Aug. Cof. III. P. P. Restitutori Achaiæ.   Imp. rogatus Achaiae sublevat figuram muliebrem in genua procumbentem, inter hos vas cum ramo.
Imp. Cæs. Trajanus Hadrianus Aug.   Caput laureatum.
S. C. Restitutori Orbis terrarum.   Imp. figuram muliebrem genu flexum insistentem sublevat.
Imp. Cæs. Trajanus Hadrianus Aug.   Caput laureatum.
S. C. Pont. Max. Tr. Pot. Cof. III. in ima Liberalitas Aug. III.   Imp. suggestu distribuit congiarium adstantibus tribus aliis figuris.

ATT. KAI. TPA. AΔPIA. CEB.   Caput laureatum.
ΛΑΔΑΕΧ   Fluvius decumbens d. cornucopiæ s. sinistro cubito super hippopotamum s. arundinem in

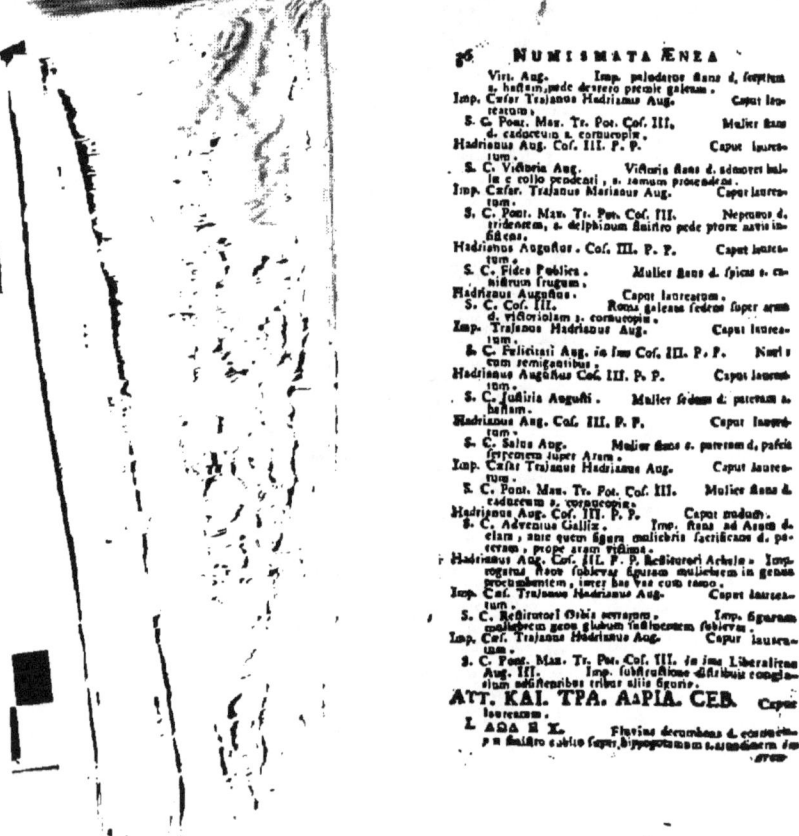

IMPERATORUM ROMANORUM. 37

area 16 idest XVI. altitudinis Nili.
secundi moduli.

Imp. Cæsar Trajanus Hadrianus Aug. P. M. Tr. P. Cos.
III. P. P. Caput radiatum.
S. C. Fortunæ Reduci. Mulier sedens d. thronem s. cornucopiæ.
Imp. Cæs. Trajanus Hadrianus Aug. Caput radiatum.
S. C. Pont. Max. Tr. Pot. Cos. II. in imo Fort. red.
Fortuna sedens ut supra.
Imp. Cæs. Trajanus Hadrianus Aug. Caput radiatum.
S. C. . . . in imo Fort. Red. Fortuna sedens ut supra.
Imp. Cæsar Trajanus Hadrianus Aug. Caput lauteatum.
S. C. Fortunæ Reduci. Fortuna d. Jungens Imperatori.
Imp. Cæsar Trajanus Hadrianus . . . Cos. III. Caput radiatum.
S. C. Saluti Publicæ. Figura stans d. pateram s. thremonem dextero pede globum calcans.
Imp. Cæs. Trajanus Hadrianus Aug. Caput radiatum.
S. C. Cos. . . . Mulier sedens d. pateram past e serpentem super aram.
Hadrianus Augustus. Caput laureatum.
S. C. Salus Augusti. in imo Cos. III. Mulier stans d. pateram serpentem depascit super aram. d. hastam.
Hadrianus Augustus. Caput radiatum.
S. C. Cos. III. Mulier sedens d. pateram serpentem pascit super Aram.
Hadrianus Augustus Cos. III. P. P. Caput laureatum.
S. C. Dacia. Figura montibus insidens d. Aquilam legionariam s. signum.
Imp. Cæs. Trajanus Hadrianus Aug. P. M. Tr.P. Cos.III.
Caput radiatum.
S. C. Pietas Augusti. Mulier stans ambabus manibus expansis ad pedes animal quoddam.
Imp. Cæs. Trajanus Hadrianus Aug. Caput laureatum.
. . . . Imperator Eques victoris habitu.
Imp. Cæs. Trajanus Hadrianus Aug. P. M. Tr.P. Cos.III.
Caput radiatum.
S. C. Moneta Augusti. Mulier stans d. bilancem s. cornucopiæ.
Hadrianus Augustus. Caput laureatum.
S. C. . . . Nilus humi decumbens d. cornucopiæ ; sinistro cubito urnæ aquas vomenti jnnixo.
Hadrianus Augustus P. P. Caput radiatum.
S. C. Hilaritas P. R. Mulier d. palmam s. cornucopiæ ad pedes duo pueruli.
Hadrianus Aug. Cos. III. P. P. Caput laureatum.
S. C. Felicitas Aug. Vir togatus d. Jungit mulieri s. caduceum reddenti.
Hadrianus Aug. Cos. III. P. P. Caput laureatum.
S. C.

D

38 NUMISMATA ÆNEA

S. C. Adrenæus Aug.   Figura militaris s. hastam d.
porrigit figuræ togatæ stantes.
Hadrianus Aug. Cos. III. P. P.   Caput nudum.
S. C. Restitutori Achaiæ.   Imperator stans d.
porrigit figuræ genuflexæ inter hastilvas, cum ramo.
Hadrianus Aug. . . . .   Caput laureatum.
S. C. . . . . . .   Mulier sacrificans super aram.
Imp. Cæs. Traianus Hadrianus Aug. . . . Caput radiatum.
S. C. in imo Annona Aug.   Mulier stans d. spicas
s. cornucopiæ ad pedes a dextris modium a sinistris
prora navis.
Hadrianus Augustus . . .   Caput nudum.
S. C. Spes Pub. . . .   Mulier stans d. florem s.
vestem sublevat.
Hadrianus Augustus.   Caput laureatum.
S. C. . . . . . .   Pallas d. spiculum s. elypeum.
Hadrianus Augustus.   Caput laureatum.
S. C. . . . . . .   Mulier sedens s. porrigit puerulo.
Hadrianus Augustus.   Caput laureatum.
S. C. . . . . . .   Mulier stans d. ramum, s. hastam.
Hadrianus Augustus.   Caput radiatum.
S. C. Cos. III.   Pegasus.
Hadrianus Aug. Cos. III. P. P.   Caput laureatum.
S. C. Annona Aug.   Modius e quo spicæ tritici, &
papaver.
Hadrianus Augustus.   Caput laureatum.
S. C. Cos. III.   Navis cum remigantibus.

SABINA.
primi moduli.
Sabina Augusta Hadriani.   Caput Sabinæ.
S. C. Concordia Aug.   Mulier sedens d. pateram.
Sabina Augusta Hadriani Aug. P. P.   Caput Sabinæ.
S. C. Veneri Genitrici.   Mulier stans d. elata s. globum.

secundi moduli.
Sabina Augusta.   Caput Sabinæ.
S. C. Lætitia Aug.   Mulier stans d. caduceum s. cornucopiæ.
Sabina Augusta Hadriani Aug. P. P.   Caput Sabinæ.
S. C. Pietas.   Mulier sedens d. pateram.
Sabina Augusta Hadriani Aug. P. P.   Caput Sabinæ.
S. C. Concordia Aug.   Mulier sedens d. ramum s. hastam.

ÆLIUS.
secundi moduli.
L. Ælius Cæsar.   Caput Ælii laureatum.
S. C. Tr. Pot. Cos. II. in imo Pannonia. Mulier stans d. ha-

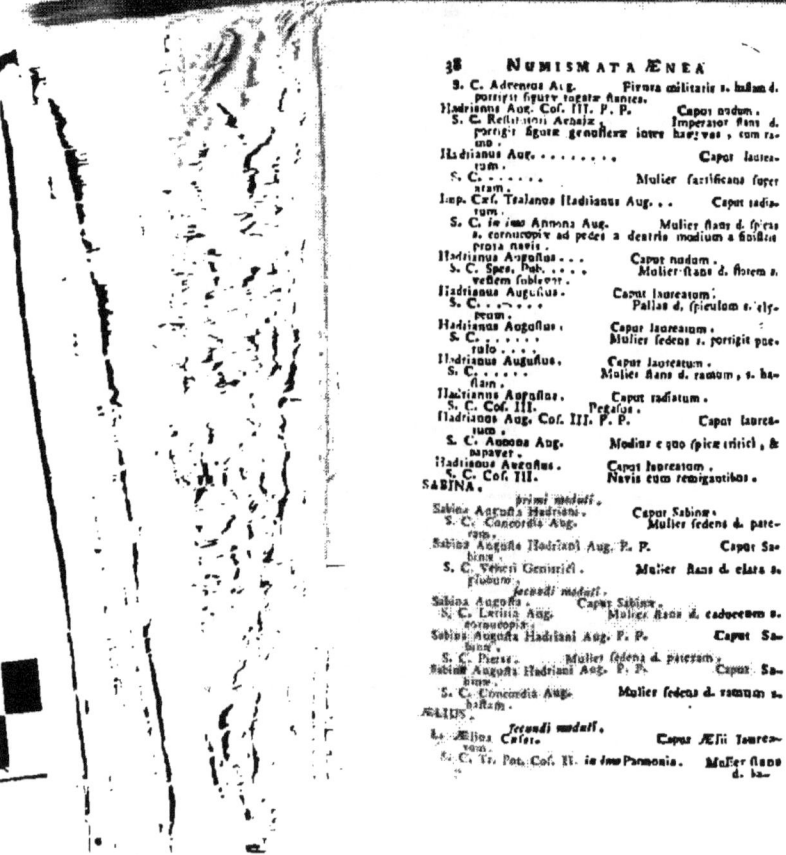

IMPERATORUM ROMANORUM.

d. lebarum s. stolam sublevat.
Pius Cæsar. Caput nudum.
S. C. . . . . Victoria stans.
ANTONINUS PIUS.
  primi moduli.
Antoninus Aug. Pius I. P. Tr. P. Cos. IIII.   Caput
  laureatum.
  S. C. Salus Aug.   Typus Salutis stantis d. pascit
    serpentem super aram s. hastam.
Antoninus Aug. Pius P. P. Tr. P. Cos. IIII.
  S. C. Cos. IIII.   Typus Salutis sedentis d. pa-
    scit serpentem super aram s. cubito themoni super
    globum.
Divus Antoninus.   Caput nudum.
  S. C.   Forma Templi sive Ara.
Antoninus Aug. Pius.   Caput laureatum.
  S. C. Pietas. Tr. Pot. XIIII. Cos. IIII.   Tem-
    plum octastylum, in cujus medio duæ icuncula se-
    dentes.
Antoninus Aug. Pius P. P. Tr. Pot. Cos III.   Ca-
  put laureatum.
  S. C. Romæ Æternæ.   Templum decem columna-
    rum.
Antoninus Aug. Pius . . . . . .   Caput laurea-
  tum.
  S. C. Tr. Pot. Cos. IIII.   Mulier sedens.
Antoninus Aug. Pius P. P. Tr. Pot. Cos. IIII.   Caput
  laureatum.
  S. C. Felicitas Aug.   Mulier stans d. cervum s. ca-
    duceum alatum.
Antoninus Aug. Pius . . . . . .   Caput laurea-
  tum.
  S. C. Libertas Augusta.   Mulier stans d. pi-
    leum.
Antoninus Aug. Pius P. P. Tr. P. XII.   Caput lau-
  reatum.
  S. C. Annona Aug. in ima Cos. IIII.   Mulier
    stans d. spicas s. ancoræ ionicæ pro pedibus modium
    spicis superessique floribus conspicuum.
Antoninus Aug. Pius P. P. Tr. P. Cos. III.   Caput
  laureatum.
  S. C. Aurelius Cæsar Aug. Pii F. Cos. Des.   Ca-
    put M. Aurelii nudum.
Antoninus Aug. Pius P. P. Tr. P. Cos. III.   Caput
  laureatum.
  Diva Faustina .   Caput Faustinæ .
Antoninus Aug. Pius P. P. Tr. P. Cos. III.   Caput
  laureatum.
  S. C. Apollini Augusto .   Apollo stans d. pateram
    s. citharam.
Antoninus Aug. Pius P. P. Tr. P. . . .   Caput
  laureatum.
  S. C. Tr. P. XXII. Cos. IIII.   Roma d. thermo-
    nem super globum s. cauistrum spicis plenum s. pede
    priore navis imposito.
Antoninus Aug. Pius P. P. . . . .   Caput laurea-
  tum.
  S. C. Vota suscepta Dec. III. Cos. IIII.   Figura
    togata stans sacrificans.
Antoninus Aug. Pius P. P. Tr. P. XII.   Ca-
                        D 2   put

NUMISMATA ÆNEA

put laureatum.
S. C. Cof. IIII. Figura togata facrificans.
Antoninus Aug. Pius P. P. Tr. P. Cof. III. Caput laureatum.
S. C. Imperator. Victoria alata gradiens trophæum gerens.
Antoninus Aug. Pius P. P. Tr. P. Cof. III. Caput laureatum.
S. C. Mulier ftans d. florem s. veftem fublevat.
Antoninus Aug. Pius P. P. Tr. P. XII. Caput laureatum.
S. C. Cof. IIII. Mulier ftans d. bilancem s. cornucopiæ.
Antoninus Aug. Pius P. P. Tr. P. . . . . Caput laureatum.
S. C. Indulgentia Aug. Cof. IIII. Mulier fedens d. paterum s. haftam.
Antoninus Aug. Pius P. P. Tr. P. Cof. III. Caput laureatum.
S. C. in imo Italia. Italia cornuta fedens fuper orbem Zodiaci d. cornucopiæ s. fceptrum.
Antoninus Aug. Pius P. P. Tr. P. Cof. III. Caput laureatum.
S. C. Mars gradiens d. haftam s. trophæum gerit.
Antoninus Aug. Pius. P. P. Caput laureatum.
S. C. Tr. Pot. XX. Cof. IIII. Mulier fedens fella curuli d. fceptrum.
Antoninus Aug. Pius P. P. Tr. Pot. . . . . Caput laureatum.
S. C. Roma Æterna. Roma galeata fedens fuper arma d. fceptrum, s. globo ignita.
Imp. T. Ælius Cæfar Antoninus. Caput nudum.
S. C. Tr. Pot. Cof. in imo Pietat. Figura ftans facrificans fuper aram.
Antoninus Aug. Pius P.P.Tr. P. Cof. IIII. Caput laureatum.
S. C. Genio Senatus. Vir rogatus ftans d. ramum s. baculum.
Antoninus Aug. Pius P. P. Caput laureatum.
S. C. Tr. Pot. Cof. II. Duo cornucopiæ caduceo intermedio.
Antoninus Aug. Pius P. P. Caput laureatum.
S. C. Tr. Pot. Cof. III. Lupa cum pueris.
Antoninus Aug. Pius P. P. Tr. P. Caput laureatum.
S. C. Cof. IIII. in imo Liberalitas. Imperator in fubfellio, pone quem alia figura; alia figura ftat in fubftractione d. tefferam s. cornucopiæ, quarta figura fcalam afcendit.
Antoninus Aug. Pius P. P. Caput laureatum.
. . . . Imperator fedens in fubftructione diftribuens congiarium cum aliis figuris.
Antoninus Aug. Pius. P. P. Tr. Pot. XVII. Caput laureatum.
S. C.

IMPERATORUM ROMANORUM. 41

S. C. Libertas. Cof. IIII.   Libertas ftans d. pi-
leum.
Antoninus Aug. Pius P. P.   Caput laureatum.
S. C. Cof. IIII.   Imperator in quadriga trium-
phalibus.
Antoninus Aug. Pius P.P. Tr. P. Cof. . . .   Caput
laureatum.
S. C. Rex Armenis datus.   Imperator togatus im-
ponit diadema Regi Armeniæ.
Divus Antoninus.   Caput nudum.
S. C. Divo Pio.   Columna Antoniniana.
Divus Antoninus.   Caput nudum.
S. C. Confecratio.   Rogus.
. . . . . .   Caput Antoniæ laureatum.
                  Caput lūdis cum loto ante quod cornu-
cupiæ appofitæ.
                  fecundi modull.
Antoninus Aug. Pius P. P. Tr. P. Cof. III.   Caput
laureatum.
S. C. Concordia Exercituum.   Mulier ftans d. ri-
Aoriolam s. fignum militare.
Antoninus Aug. Pius P. P.   Caput laureatum.
S. C. Tr. Pot. Cof. IIII.   Mulier ftans.
Antoninus Aug. Pius P. P. Tr. P.   Caput lau-
reatum.
S. C. Vota Suscept. Dec. III. Cof. IIII.   Figura
togata facrificans.
Antoninus Aug. Pius . . . . . .   Caput laurea-
tum.
S. C.   Pilei dioscurorum aftris Infigne superftan-
tibus.
Antoninus Aug. Pius P. P.   Caput laureatum.
S. C. Tr. P. Cos. . . . , in imo Annona Aug.   Mulier
sedens d. spicas super modium spicis plenum, s. cor-
nucopiæ.
Antoninus Aug. Pius P. P. Tr. P. XVII.   Caput
laureatum.
S. C. Annona Aug. Cof. III.   Mulier ftans d.
spicas super modium spicis plenum s. super canistrum
fragum.
Antoninus Aug. Pius P. P. Tr. P. . . .   Caput laureatum.
S. C.   Mulier ftans d. pateram, pafcit ferpentem super aram s. themonem globo impositum.
Antoninus Aug. Pius P. P. Tr. P. Cof. III.   Caput
laureatum.
S. C. Imperator II.   Victoria alata ftans ambabus
manibus trophæum gerit.
Antoninus Aug. Pius. P. P.   Caput laureatum.
S. C. Tr. Pot. Cof. II, in imo G. P. R.   Mulier
ftans d. pateram super aram s. cornucopiæ.
Antoninus Aug. Pius P. P. Tr. P. Cof. III.   Caput
laureatum.
S. C. Imperator II, in imo Dacia.   Mulier ftans d.
pileum s. fceptrum.
Antoninus Aug. Pius P. P. Tr. P. XXIII.   Caput
radiatum.
S. C. Pietati Aug. Cof. IIII.   Mulier ftans d. tenet globum s. brachio infantulum amplectitur, pro pedibus duo puerali.

D   An-

NUMISMATA ENEA

Antoninus Aug. Pius P. P. Tr. P. XVIII. Caput laureatum.
S. C. Felicitas Aug. Cof. IIII. Mulier flans d. eadueeam oblongam s. fpicas.
Antoninus Aug. Pius P. P. . . . . Caput laureatum.
S. C. S. P. Q. R. Optimo Principi in lauro.
Antoninus Aug. Pius P. P. Tr. P. . . . Caput laureatum.
S. C. Primi Decennales Cof. IIII. In lauro.
Antoninus Aug. Pius P. P. Tr. P. XIIII. Caput radiatum.
S. C. Cof. IIII. Mulier flans d. bilancem s. cornucopiæ.
Antoninus Aug. Pius P. P. Tr. P. Cof. III. Caput laureatum.
S. C. Annona Augufti. Mulier flans d. fpicas fuper modium fpicis confpicuum d. cornocopiæ, pro pedibus prora navis.
Antoninus Aug. Pius P. P. Tr. P. Cof. II. Caput radiatum.
S. C. Salus Aug. Mulier flans d. pateram, qua pafcit ferpentem fuper aram s. baculum.
Antoninus Aug. Pius P. P. Tr. P. Cof. . . . Caput laureatum.
S. C. Apollini Augufto. Apollo flans d. pateram s. citharam.
Antoninus Aug. Pius P. P. Tr. P. XVII. Caput radiatum.
S. C. Indulgentia Aug. Cof. III. Mulier fedens d. pateram.
Antoninus Aug. Pius P. P. Tr. P. Cof. IIII. Caput laureatum.
Genio Coloniæ Antioc. Genius flans d. pateram fuper aram s. haftam.

AIT. KAI. ANTONINO. Caput laureatum.
KOPKIPA. Figura virilis flans d. haftam, pede paleam premit.
FAUSTINA SEN.
Primi moduli
Diva Fauftina. Caput Fauftinæ.
S. C. Æternitas. Mulier flans d. globum s. veftem fublevat.
Diva Fauftina. Caput Fauftinæ.
S. C. Æternitas. Mulier flans velata s. haftam.
Diva Fauftina. Caput Fauftinæ.
S. C. Augufta. Mulier flans d. facem oblongam, s. palladium.
Diva Fauftina. Caput Fauftinæ.
S. C. Æternitas. Mulier fedens d. globum, fupra quem phœnix s. haftam.
Diva Fauftina. Caput Fauftinæ.
S. C. Juno. Mulier flans d. pateram s. haftam puram.
Diva Fauftina. Caput Fauftinæ.
S. C. Augufta. Mulier flans d. tædam accenfam.

IMPERATORUM ROMANORUM. 43

censam e. spicas . . .
Diva Faustina.   Caput Faustinæ.
S. C. Augusta.   Mul er stans d. pateram super
aram ignitam, s. palladium.
Diva Faustina.   Caput Faustinæ.
S. C. Augusta.   Mulier stans d. spicas s. tædam.

secundi moduli.

Diva Faustina.   Caput Faustinæ.
S. C. Juno.   Mulier stans d. pateram s. palladium.
Diva Faustina.   Caput velatum.
S. C. Consecratio.   Mulier stans d. pateram super aram s. tædam.
Diva Faustina.   Caput Faustinæ.
S. C. Augusta.   Mulier sedens d. . . . s. hastam.
Diva Faustina.   Caput Faustinæ.
S. C. Augusta.   Mulier stans d. palladium s. tædam oblongam.
Diva Augusta Faustina.   Caput velatum.
S. C. Æternitas.   Mulier stans d. globum s. hastam.
Diva Faustina.   Caput Faustinæ.
S. C. Augusta.   Mulier stans d. clara tædam s. spicas.
Diva Faustina.   Caput Faustinæ.
S. C. Æternitas.   Mulier stans d. elevans.
Diva Faustina Augusta.   Caput Faustinæ.
S. C.   Luna crescens cum septem sideribus.
Diva Augusta Faustina.   Caput Faustinæ.
S. C. Pier. Aug.   Porta Templi.

M. AURELIUS.

primi moduli.

Aurelius Cæsar Aug. Imp. Cos. . . .   Caput Aurelii laureatum.
S. C. Advent. Aug.   Mulier stans sacrificans s. pateram.
M. Aurel. Antoninus Aug. Germanicus P. M.   Caput laureatum.
S. C. Tr. P. XVIII. Imp. II. Cos. III.   Imperator galeatus & paludatus stans d. hastam, s. clypeum.
M. Aur. Antoninus Aug. . . . .   Caput laureatum.
S. C. . . . .   Victoria tenens globum super truncum arboris.
M. Aurel. Antoninus Aug. Tr. P. XXXIII.   Caput laureatum.
S. C. Virtus Aug. Imp. X. Cos. III. P. P.   Mulier galeata sedens d. hastam s. parazonium.
M. Antoninus Aug. Germ. Sarm. Tr. P. XXX.   Caput laureatum.
S. C. Liberalitas Aug. Imp. VIII. Cos. III.   Mulier stans d. tesseram s. cornucopiam.
M. Aurelius Aug. Tr. Pot. XXV.   Caput laureatum.
S. C. . . . .   Roma galeata sedens super arma d. pal-

46 NUMISMATA ÆNEA

d. palladium, s. hastam.
M. Aurelius Antoninus . . . . . *Caput laureatum*.
S. C. . . . Mulier stans d. pateram, e qua serpens libat super aram, s. cornucopiæ.
Divo Marco Antonino Pio. *Caput nudum*.
S. C. Consecratio. Rogus.
Divus M. Antoninus Pius. *Caput nudum*.
S. C. Consecratio. Aquila fulmini insidens, in cujus dorso Imperator nudus d. elata, s. sceptrum.
Imp. Cæs. M. Aurel. Antoninus Aug. P. M. *Caput laureatum*.
S. C. Concordiæ Augustæ. Tr. P. XVI. *in imo* Cos. III. Duo Imperatores rogari dextras jungentes.
M. Antoninus Aug. Germ. Sarmaticus. *Caput laureatum*.
S. C. Tr. P. XXII. Imp. VIII. Cos. III. P. P. Mulier stans d. spicas super panarium s., cornucopiæ.
M. Antoninus Aug. Tr. P. XXIIII. *Caput laureatum*.
S. C. . . . Cos. III. Mulier stans d. pateram pascit serpentem super aram, s. cornucopiæ.
M. Aurel. Antoninus Aug. Tr. P. XXII. *Caput laureatum*.
S. C. Felicitas Aug. Imp. VIII. Cos. III. P. P. Mulier stans d. caduceum, s. hastam.
M. Aurel. Antoninus Aug. Tr. P. XXXII. . . *Caput laureatum*.
S. C. Imp. VIII. Cos. III. Mulier sedens d. victoriolam s. hastam.
M. Aurel. Antoninus Aug. . . . . *Caput laureatum*.
S. C. . . . Mulier sedens d. ramum, s. cornucopiæ.
M. Aurel. Antoninus Aug. . . . . *Caput laureatum*.
S. C. Victoria sedens super spolia s. cubito clypeo innixa d. serpentem.
M. Antoninus Aug. Ger. *Caput laureatum*.
S. C. Tr. P. XX. Imp. IIII. Cos. III. Victoria super truncum arboris imponens clypeum in quo VIC. PAR.
M. Antoninus Aug. Ger. . . . . *Caput laureatum*.
S. C. Tr. P. . . . Victoria gradiens d. coronam s. palmam.
M. Aurelius Cæs. Antoninus. *Caput nudum*.
S. C. Cos. II. Pallas stans s. hastam pro pedibus clypeum.
Imp. Cæs. M. Aurelius Antoninus Aug. Tr. P. XXVI. *Caput laureatum*.
S. C. Imperator Cos. Mulier galeata sedens d. iconculam s. hastam pro pedibus clypeum in quo . .
Imp. Cæs. M. Aurel. Antoninus Aug. P. M. *Caput laureatum*.
S. C. Salus Augustæ. Tr. P. XVI. *in imo* Cos. III. Figura stans d. pateram pascit serpentem super Aram s. hastam.

Imp.

IMPERATORUM ROMANORUM. 45

Imp. Aurel. Antoninus Aug. Germ. . . . . Caput
  laureatum.
  S. C. Victoria . . . Cof. . . . Victoria gradiens d.
  coronam s. palmam.
Imp. Aurel. Antoninus Aug. Armeniacus . . . . Caput
  laureatum.
  S. C. Tr. Pot. XVIIII. Imp. III. Cof. III. Typus
  Providentiæ ftatui.
M. Antoninus Aug. Germ. Arm. . . . . Caput lau-
  reatum.
  S. C. Tr. Pot. . . . . Cof. . . . Mulier fedens d. bi-
  laucem, s. cornucopiæ.
Imp. Aurel. Antoninus Aug. P. P. Caput lau-
  reatum.
  S. C. Tr. Pot. . . . . Cof. . . . Mars galeatus gra-
  diens d. haftam, s. trophæum gerens.
Imp. Aurel. Antoninus Aug. . . . Caput laurea-
  rum.
  S. C. . . . . . Figura fedens d. elata s. orbem, fe-
  det fuper arma.
M. Antoninus Aug. Germ. Sarm. Tr. P. XXXI. Caput
  laureatum.
  S. C. Vota Publica Imp. VIIII. Cof. IIII. P. P. Im-
  perator togatus d. patetam facrificat fuper aram.
M. Antoninus Aug. Germ. . . . . Caput lau-
  reatum.
  S. C. Imp. VIII. Tr. P. . . . . Cof. III. Mulier
  fedens d. victoriolam s. haftam.
Divus M. Antoninus Pius. Caput nudum.
  S. C. Confecratio. Aquila fuper globum alis ex-
  panfis.
Divus M. Antoninus Pius. Caput nudum.
  S. C. Confecratio. Aquila fuper aram alis ex-
  panfis.
Imp. M. Antoninus Aug. Tr. P. . . . . Caput lau-
  reatum.
  S. C. Primi Decennales Cof. III. In Corona.
M. Aurel. Antoninus Aug. Ger. Dac. Arm. . . . Caput
  laureatum.
  S. C. Tr. Pot. XX. Imp. III. Cof. III. Victo-
  ria d. palmam s. appendit orbem fuper truncum.
Imp. Antoninus Aug. Tr. P. XXXII. Caput
  laureatum.
  S. C. Felicitas Aug. Imp. VIII. Cof. III. P. P. Mu-
  lier ftans d. caduceum s. haftam.
Imp. Antoninus Aug. Germ. Sarm. . . . Caput
  laureatum.
  S. C. Reftitutori Italiæ Imp. VI. Cof. III. Impe-
  rator paludatus mulierem turritam in genua procum-
  bentem fublevat. . . .
Imp. Aurel. Antoninus . . . . Caput laureatum.
  S. C. . . . Figura inter duo figna militaria.
M. ΑΥΡΗΛΙΟΣ. ΑΝΤΩΝΙΝΟΓ. ΣΕΒ. Ca-
  put laureatum.
  Duo crocodili erecti, fupra verticem quorum flos, fe-
  fint duæ fpicæ frumenti.
M. . . . . ΑΝΤΩΝΙΝΟΣ. Caput laureatum.
  Tem-

40   NUMISMATA ÆNEA

Templum, in cuius ostio figura sedens, s. hastam.
ΑΥΤΟΚΡΑ. ΚΑΙΣ. Μ. ΑΥΡΕΔ. ΑΝΤΩ-
ΝΕΥΣ. ΣΕΒ.   Caput laurea-
tum.
ΔΗΜΑΡ. ΧΙΚ. Γ. ΞΟΥΣ. ΚΔ.   Tr. P.
XXVI.   Caput Jovis cum corona ali-
tuo.
 secundi moduli .
Imp. Cæf. Aurel. Anton nus Aug. P. M.   Caput ra-
diatum.
S. C. Concord. Auguftor. Tr. P. XV. *in ime* Cof. III.
Duo Imperatores dextras jungentes.
M. Antoninus Aug. . . . .   Caput laureatum.
S. C. Cof. III.   Pallas ftans d. fpiculum s.
clypeum.
M. Aurelius Cæf. Antoninus Aug.   Caput nu-
dum.
S. C. Cof. II.   Imperator paludatus ftans d. fci-
pionem s. haftam.
M. Aurel. Antoninus Aug.   Caput radiatum.
S. C.   Mulier ftans s s. cornucopiæ.
M. Aurel. Antoninus Aug. Tr. P. XXXVI.   Caput
radiatum.
S. C. Imp. VIIII. Cof. . . .   Mulier ftans d. bi-
lancem s. cornucopiæ.
Imp. Aurel. Antoninus Aug. . . . . XVIII.   Caput
radiatum.
S. C. . . . .   Mulier fedens d. icunculam s. ha-
ftam.
Imp. M. Antoninus Aug. . . . . . .   Caput lau-
reatum.
S. C. . . . . . Imp. VIII. Cof. . . . .   Mulier fe-
dens.
M. Aurel. Antoninus Aug. . . . .   Caput radia-
tum.
S. C. Salus Aug. Tr. P. . . . .   Typus Salutis
ftantis.
. . . . M. Aurelius Antoninus Aug. . . .   Caput ra-
diatum.
S. C. L. . . Cof. III.   Imperator paludatus ftans
d. haftam s. clypeum.
Aurelius Cæfar Aug. . . .   Caput nudum.
S. C. Ilaritas.   Mulier ftans d. fraudem s. cor-
nucopiæ.
M. Aurelius Antoninus Aug.   Caput radiatum.
S. C. . . . .   Imperator paludatus ftans d. palla-
dium s. elata, hafta innixa.
Imp. M. Antoninus Aug.   Caput radiatum.
S. C.   Victoria clypeo palmæ appenfo infcribens.
VIC. GER.
M. Antoninus Aug. . . .   Caput Aurelii laurea-
tum.
S. C. . . . . Cof. III.   Victoria d. coronam s. bu-
meto geftans tropæum.
M. Aurelius Cæf. Antoninus Aug Pius.   Caput
nudum.
S. C. Ti. Pot. XIII. Cof. II.   Mulier ftans d. flo-
sem s. veftem fublevat.
M. Au-

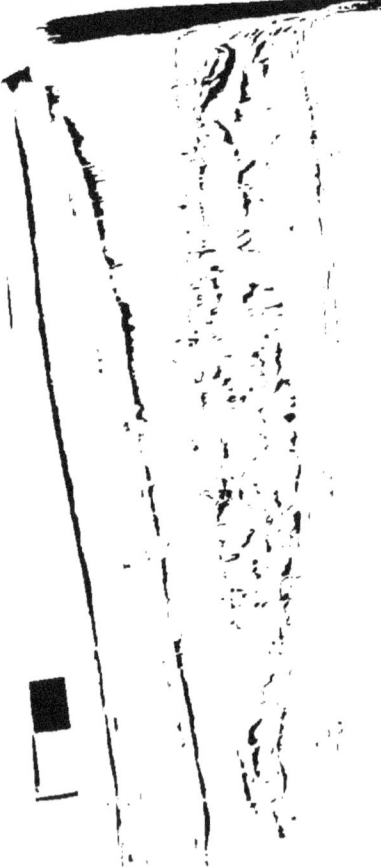

IMPERATORUM ROMANORUM. 47.

M. Aurelius Cæs. Antoninus Aug. Pius. Caput nudum.
S. C. Tr. Pot. IIII. Cof. II. in area Virtus Imperator paludatus stans d. parazonium s. hastæ innixa d. pede galeæ imposito.
M. Aurelius Cæsar Aug. . . . . Caput nudum.
Antoninus Aug. Pius P. P. Tr. P. Cof. III. Caput Antonini laureatum.
Aurelius Cæsar Aug. P. . . . Caput nudum.
S. C. Tr. Pot. . . . . in imo Cof. II. Mulier stans d. patetam s. cornucopiæ super modium.
M. Aurelius Cæsar Antoninus Aug. Caput nudum.
S. C. Tr. Pot. VIII. Cof. II. Victoria d. palmam s. clypeum super truncum in quo VIC. PAR.
M. Antoninus Aug. Caput radiatum.
S. C. Saluti Augusti. Typus Salutis stantis.
M. Aurel. Antoninus Aug. . . . . Caput laureatum.
- S. C. . . . . Imperator paludatus stans d. palladium s. hastam & clypeum.
Imp. Aurelius Cæs. Aug. P. P. Caput nudum.
- S. C. . . . . Figura virilis stans d. ramum s. parazonium.
M. Aurel. Antoninus Aug. Germ. Sarm. Caput radiatum.
S. C. Imp. VIII. Cof. III. in imo De Germ. Trophæum cum duobus captivis.
M. Aurel. Antoninus Aug. Sarm. . . . . Caput radiatum.
S. C. Imp. . . . . in imo De Sarm. Trophæum cum duobus captivis.
Imp. Cæs. M. Aurel. Antoninus Aug. P. P. Caput nudum.
S. C. Saluti August. Tr. P. XVII. in imo Cof. III. Typus Salutis stantis.
M. Antoninus Aug. Tr. P. XXIIII. Caput laureatum.
S. C. . . . . Cof. III. Figura virilis galeata d. clypeum in quo S. C. s. hastam.
M. Antoninus Aug. . . . Caput radiatum.
S. C. . . . . Mulier stans d. bilancem s. cornucopiæ.
M. Aurelius Cæs. Antoninus Aug. Caput nudum.
S. C. Tr. Pot. VIII. Cof. II. Mulier stans d. pateram super aram.
M. Aurelius Cæs. Antoninus Aug. Caput nudum.
S. C. Pietas Aug. Vasa Pontificalia.
M. Antoninus Aug. Tr. P. Caput laureatum.
S. C. Imp. VII. Cof. III. Figura hominis decumbentis a dextris navis s. arundinem cubito vase innixo.
M. Antoninus Aug. . . . . Caput radiatum.
S. C. Liberalitas Aug. VII. Imp. VIII. Cof. III. Mulier stans d. tesseram s. cornucopiæ.
M. Aurel. Antoninus Aug. Caput laureatum.

Col.

NUMISMATA ÆNEA

Col. Patien. Rostrum agens fugatis
boum. *tertii moduli*.
Imp. Cæf. Aurel Antoninus Aug. Caput nu-
dum.
Victoria gradiens d. coronam...
FAUSTINA JUN.
primi moduli.
Faustina Augusta. Caput Faustinæ Jun. Caput nu-
dum.
S. C. Matri Magnæ. Cibelle turrita sedens d. pa-
paver s. tympanum hinc & inde leo.
Diva Aug. Faustina. Caput velatum.
S. C. Consecratio. Rogus.
Diva Faustina Pia. Caput nudum.
S. C. Consecratio Pavo animum Faustinæ in Cæ-
lum ferens.
Diva Faustina Pia. Caput nudum.
S. C. Æternitas. Mulier sedens d. globum s.
hastam.
Faustina Augusta. Caput nudum.
S. C. Hilaritas. Mulier stans d. palmam s.
cornucopiæ.
Faustina Augusta. Caput nudum.
S. C. Mulier sedens d. pateram.
Faustina Augusta. Caput nudum.
S. C. . . . . Mulier sedens d. globum super quem
phœnix s. tædam.
Faustina Augusta. Caput nudum.
S. C. Fecund. Augusta. Faustina stans inter
quatuor pueruliis duos ad pedes, duos in ulnis.
Diva Faustina Augusta. Caput nudum.
S. C. Temporum Felic. Faustina cum sex par-
vulis.
Faustina Aug. Pii Aug. Fil. Caput ornatum.
S. C. Juno. Mulier stans d. globum s. rhemonem
in cujus ima Delphin.
Diva Faustina Augusta. Caput nudum.
S. C. Lætitia. Typus Lætitiæ stantis.
Faustina Augusta. Caput nudum.
S. C. Junoni Reginæ. Mulier stans d. pateram s.
hastam pro pedibus pavonem.
Diva Augusta Faustina. Caput nudum.
S. C. . . . . Aug. Mulier sedens d. icunculam s.
hastam sub ped.
Faustina Augusta. Caput nudum.
S. C. . . . Mulier stans veste brevi d. pateram s. glo-
bum.
Diva Faustina Pia. Caput nudum.
S. C. Sideribus recepta. Mulier stans ambabus
tædam pone caput lunam.
Faustina Augusta. Caput nudum.
S. C. Fecunditas. Mulier stans d. hastam s.
puerulum.
Diva Faustina Augusta. Caput nudum.
S. C. Consecratio. Ara five porta templi.
secundi moduli.
Faustina Augusta. Caput nudum.
S. C. Juno. Juno stans d. pateram s. ha-
stam pro pedibus pavonem.

Fau-

IMPERATORUM ROMANORUM. 49

Fauſtina Auguſta.   Caput nudum.
S. C. Junoni Reginæ.   Mulier ſtans d. pateram s. habens pro pedibus Pavonem.
Fauſtina Aug. Pii Aug. Fil.   Caput nudum.
S. C. Venus.   Mulier ſtans.
Auguſta Fauſtina.   Caput nudum.
S. C. Æternitas.   Mulier ſtans d. globum ſuper quem phoenix, s. haſtam.
Fauſtina Aug. Pii Aug. Fil.   Caput nudum.
S. C. Mulier ſtans s. ramum.
Fauſtina Aug. Pii Aug. Fil.   Caput nudum.
S. C. Pudicitia.   Typus pudicitiæ ſtantis.
Fauſtina Aug. Pii Aug. Fil.   Caput nudum.
S. C. Pudicitia.   Typus Pudicitiæ ſedentis.
Fauſtina Aug.   Caput nudum.
S. C. Sæculi Felicitas.   Duo pueruli ſedentes in lectulo.
Fauſtina Auguſta.   Caput nudum.
S. C. Mulier ſtans manibus elatis.
Fauſtina Aug. Pii Aug. Fil.   Caput nudum.
S. C. Hilaritas.   Mulier ſtans d. capiti admota s. palmam.
Fauſtina Auguſta.   Caput nudum.
S. C. Diana Lucifera.   Mulier ſtans facem gestans.
Fauſtina Auguſta.   Caput nudum.
S. C. Diana Lucifera.   Mulier ſtans, ambabus tenens tædam obliquatam.

L. VERUS.   primi moduli.
Imp. Cæſ. L. Aurel. Verus.   Caput Veri laureatum.
S. C. Concordia Auguſtor. Tr. P. Coſ. I.   Verus & Aurelius togati ſtantes dextras jungentes.
L. Verus Aug. Arm. Parth. Med.   Caput laureatum.
S. C. Tr. Pot. IIII. in imo Fort. Red.   Typus Fortunæ ſedentis.
Divus Verus.   Caput nudum.
S. C. Conſecratio.   Aquila ſuper cippum.
Divus Verus.   Caput nudum.
S. C. Conſecratio.   Figura in thronſo ſedens a quatuor elephantis cum feſſoribus. ſecundi moduli.
Imp. Cæſ. L. Aurel. Verus.   Caput laureatum.
S. C. Concordia Auguſtor. Tr. P. Coſ. III.   Verus & Aurelius togati ſtantes dextras jungentes.
L. Verus Aug. Armeniacus.   Caput nudum.
S. C. Vic. Aug. Tr. Pot. . . . Imp. . . . Coſ. II.   Victoria gradiens d. coronam, s. Palmam.
L. Verus Armeniacus.   Caput nudum.
S. C. Imperator paludatus gradiens d. victoriam s. pæonium ſuo humero trophæum.
L. Verus Aug. Armen. Parthicus.   Caput laureatum.
S. C. Vic. Aug.   Victoria d. palmam s. clypeum in quo VIC. PAR.
L. Verus ſAug. Armen. Parth.   Caput laureatum.
Coſ. . . .   Mulier ſedens ſuper thoracem & clypeum.

NUMISMATA ÆNEA

pcum d. hastam coronatos a figura retro stante.
LUCILLA. *primi moduli.*
Lucillæ Aug. M. Antonini Aug.   Caput Lu-
    cillæ.
S. C. Venus.   Mulier sedens d. victoriolam s.
    hastam.
Lucillæ Augustæ.   Caput Lucillæ.
S. C. Hilaritas.   Mulier stans d. palmam s. cor-
    nucopiæ.
Lucillæ Augustæ Antonini Aug. F.   Caput Lu-
    cillæ.
S. C. Vesta.   Mulier stans d. simpulum s. palla-
    dium ante aram.
Lucillæ Aug. Antonini Aug. F.   Caput Lu-
    cillæ.
S. C. Pietas Augusta.   Mulier stans d. simpulum
    pro pedibus ara.
Lucillæ Aug. Antonini Aug. F.   Caput Lu-
    cillæ.
S. C. Venus.   Venus stans d. pomum s. hastam in-
    nixa.
secundi moduli.
Lucillæ Augustæ.   Caput Lucillæ.
S. C. . . .   Mulier sedens d. ramum s. cor-
    nucopiæ.
ΛΟΥΚΙΛΛΑ. CEB. ANT.   Caput Lu-
    cillæ.
L. A. anno primo.   Mulier turrita sedens in
lectisternio d. thensonem s. capiti admota.
COMMODUS. *primi moduli.*
M. Antoninus Commodus Aug.   Caput laurea-
    tom.
S. C. Tr. Pot. III. Imp. III. Cos. II. P. P.   Im-
    perator paludatus d. palladium s. hastam.
L. Ael. Aurel. Commodus Aug. P. Fel.   Caput Com-
    modi pelle leonina tectum.
S. C. Herculi Romano Aug.   Clava in co-
    rona.
M. Commodus Anton. Fel. Aug. Brit.   Caput lau-
    reatum.
S. C. Paci Æternæ.   Mulier sedens d. ramum
    oleæ s. hastam.
Commodus . . . Aug. . . .   Caput laurea-
    tum.
S. C. . . . III. . . .   Mulier stans d. spicas s. ra-
    mistrum frugum.
Imp. Commodus Antoninus Aug.   Caput laurea-
    tum.
S. C. . . .   Mulier sedens d. bilancem, s. cor-
    nucopiæ.
L. Aurel. Commodus Aug.   Caput laureatum.
S. C. Imp. III. Cos. II. P. P.   Mulier galeata
    stans d. pateram super aram, s. clypeum.
Imp. Commodus Antoninus Aug.   Caput Com-
    modi.
S. C. . . .   Mulier stans d. pateram super aram e
    qua exurgit serpens s. hastam.
    M. Com-

IMPERATORUM ROMANORUM. 51

M. Commodus Antoninus. Caput Commodi laureatum.
S. C. Aug. Fort. Pietat. P. M. Tr. P. XII Imp. VIII. Cof. V. P. P. Mulier ftans fupra arcu d. pateram s. capulam.
Commodus... Caput laureatum.
S. C. Sal. Gen. Hum. Cof. VI. P. P. Dea Salus terrenas haraldam ferpente involutam d. figuram mulichrem in genua procumbentem fublevat.
M. Aurel. Commodus Aug.... Caput laureatum.
S. C.... Mulier fedens d. haftam.
Al. Aurel. Commodus Aug. Imp. III. Caput laureatum.
S. C. Typus Libertatis ftantis.
M. Aurel. Commodus Aug. Caput laureatum.
S. C.... Mulier ftans.
M. Commodus Ant. P. Felix Aug. Caput laureatum.
S. C. Sro. Fel. P. M. Tr. P. XI. Imp. VII. Cof. V. DE. Victoria ftans fcribens in clypeo VOT.
M. Commodus Ant. Felix Aug. Brit. Caput laureatum.
S. C. Cof. V. Foic. Rod. Mulier fedens d. thronem, s. cornucopiae.
M. Aurel. Commodus Aug. Imp. Caput laureatum.
S. C.... Mulier galeata ftans s. clypeo innixa cum hafta.
... Commodus...... Caput laureatum.
S. C. Pietati Senatus, Duæ Figuræ togatæ ftantes dextras jungentes.
forendi modelli.
Commodus Antoninus Aug. Caput Laureatum.
S. C. Tr. P. VIII.... Cof. IIII. P. P. Mulier ftans d. thronarem globo impofitum s. cornucopiae.
L. Aurel. Commodus Aug..... Caput radiatum.
S. C. Tr. P.... II. P. P. Victoria gradiens d. coronam s. palmam.
Commodus Antoninus Aug. Pius. Caput radiatum.
S. C. Figura ftans utrisque manu elevata.
M. Aurel. Commodus Anton. Aug. Caput laureatum.
S. C.... Figura galeata ftans d. pateram fuper aram s. clypeo innix cum hafta.
Commodus Antoninus Aug. Caput laureatum.
S. C.... Mulier fedens.
Commodo Imp... Caff. Caput nudum.
S. C. Pietati Aug. Inftrumenta Pontificalia.
Imp. Commodus Antoninus Aug. Caput radiatum.
S. C.... Mulier ruriris fedens fuper globum d. victoriolam, s. haftam.
Imp. Commodus.... Caput radiatum.
S. C. Mulier ftans, pro pedibus congiem. M. Com-

E 2

NVMISMATA ÆNEA

M. Commodus Ant. P. Felix Aug. Brit. P. P.   Caput Commodi laureatum.
P. M. Tr. P. XV. Imp. VIII. Cos. VI.   Imperator paludatus in quadriga triumphalibus s. scipionem eburneum tenet.

M. Antonius. Commodus Aug.   Caput laureatum.
S. C. Coh. Coh. P. M. Tr. P. XV. Imp. VIII. Cos. VI.   Rusticus agens iugum boum.

M. ΑΥΡΗ. ΚΟΜΜΟ. ΑΝΤΩΝΙΝΟC.   Caput laureatum.
L. ΚΑ. Anno XXI.   Imperator in quadriga d. scipterum.

M. A. ΚΟ. ΑΝΤΩ. CEB. ETCEB.   Caput laureatum.
L. Κθ. Anno XXIX.   Navis cum velo expanso & Pharus.

M. A. ΚΟΜ. ΑΝΤ. CEB. ETCEB.   Caput laureatum.
L. Κθ. Anno XXIX.   Imperator togatus stans d. pateram super aram, coronatur a Victoria retro stante.

M. A. ΚΟΜ. ΑΝΤ. CEB. ET. CEB.   Caput laureatum.
L. ΛΑ. Anno XXXI.   Caput Jovis cum flore, togatum cum alio capite.

M. A. ΚΟΜ. ΑΝΤ. CEB. ETCEB.   Caput laureatum.
L. Λ. Anno XXX.   Imperator Pquos d. elata s. palmam.

A. Κ. Μ. ΑΥΡ. ΚΟΜ. CE. ETΤ.   Caput laureatum.
L. ΚΑ. Anno XXI.   Trophæum in imo, hinc & inde captivi.

M. ΑΥΡΗ. ΚΟΜΜΟ. ΑΝΤΩΝΙΝΟC. CE.   Caput laureatum.
L. ΚΒ. Anno XXII.   Roma galeata sedens d. victoriolam s. hastam infra Clypeus.

CRISPINA. *primi moduli.*
Crispina Augusta.   Caput Crispinæ.
S. C. Salus.   Mulier stans d. pateram serpentem pascit super aram.
Crispina Augusta.   Caput Crispinæ.
S. C. . . .   Mulier sedens d. pateram s. cornucopiæ.
Crispina Augusta.   Caput Crispinæ.
S. C. Venus Felix.   Venus sedens d. iconculam s. hastam.
Crispina Augusta.   Caput Crispinæ.
S. C. . . .   Mulier stans . . . s. cornucopiæ.
secundi moduli.

IMPERATORUM ROMANORUM. 53

Crispina Augusta.   Caput Crispinae.
  S. C. Hilaritas.   Mulier stans d. palmam s. cornu-
  copiae.
Crispina Augusta.   Caput Crispinae.
  S. C. Pietas Aug.   Mulier stans d. filtrum s. the-
  tronum.
Crispina Augusta.   Caput Crispinae.
  S. C. Juno.   Mulier stans d. pateram s. hastam.
  pone pedibus Pavonem.
Crispina Augusta.   Caput Crispinae.
  S. C. . . . .   Mulier stans d. arundinem oblongam
  s. cornucopiae.
Crispina Augusta.   Caput Crispinae.
  S. C. Juno Lucina.   Mulier velata stans d. pate-
  ram s. hastam.
Crispina Augusta.   Caput Crispinae.
  S. C. Concordia.   Mulier sedens d. pateram.

PERTINAX.
  primi moduli.
Imp. Caes. P. Helv. Pertinax Aug.   Caput laureatum.
  S. C. Vota Decen. Tr. P. Cos. II.   Figura virilis
  velata stans sacrificant super tripodem.
Imp. Caes. P. Helv. Pertinax Aug.   Caput laureatum.
  . . . . Imp. sedens in suggestu distribuens congiarium cum aliis figuris.

DID. JULIANUS.
  secundi moduli.
Imp. Caes. M. Did. Julian. Aug.   Caput radiatum.
  S. C. P. M. Tr. P. Cos.   Mulier stolata stans d.
  rhombum globo impositum s. cornucopiae.

PESCENIUS NIGER.
  secundi moduli.
ΑΥΤΟΚ. ΠΕCΚ. ΝΙΓΡΟC. ΙΟΥΣΤΟ.
CEB.   Caput laureatum.
ΚΑ . . . . . ΓΕΡΜΑΝΙΚ.   Diana Ve-
  natrix.

CLOD. ALBIN.
  secundi moduli.
Clod. Sept. Albin. Caes.   Caput Clodii nudum.
  . . . . Mulier stans.

SEPT. SEVERUS.
  primi moduli.
L. Septimius Severus Aug. Imp. VIII.   Caput Se-
  ptimii laureatum.
  S. C. . . . . Mulier sedens d. globum.
L. Septimius Severus Aug. . . . .   Caput lau-
  reatum.
  S. C. P. M. Tr. P. XVIII. Cos. III. P. P.   Tres
  figurae paludatae stantes, tertia velata intermedia.
L. Sept. Sev. Pert. Aug. Imp. VII.   Caput lau-
  reatum.
  S. C. Divi M. Pii P. P. M. Tr. P. IIII. Cos. II. P. P.
  Mulier stolata stans d. caduceum s. cor-
  nucopiae pede dextero prora navis imposito.

H 3   L. Sept-

54 NUMISMATA ÆNEA

L. Sept. Sev. Pert. Aug. Imp. III.   Caput laureatum.
S. C. Virt. Aug. Tr. P. II. Cos. II. P. P.   Figura militaris galeata flans d. victoriolam, s. hastam.
L. Sept. Sev. Pert. Aug. . . . . .   Caput laureatum.
S. C. . . .   Figura muliebris stans.
ferendi moduli.

ϹΕΟΗΡΟΣ,   Caput Sev. laureatum clypeum d. humero sustinens d. spiculum.
ΕΟΟΗΝΙΩΝ.   Pallas d. spiculum s. clypeum, *figurati a arte.*

Α. Κ. Α. ΣΕΠ. ΣΕΒΗΡΟΣ. ΠΕ.   Caput laureatum.
ΚΟΡΚΥΡΑΙΩΝ.   Corcyraeorum. Triremis velo expanso, victoriola in prora.

Α. Κ. Α. ΣΕΠ. ΣΕΒΗΡΟΣ. ΠΕ.   Caput pectore tenus clypeo & hasta.
C. L. I. COR.   Colonia Laus Julia Corinthus. Neptunus sedens, d. delphinum, s. hastam.

Α. Κ. Α. ΣΕΠ. ΣΕΒΗΡΟΣ. ΠΕ.   Caput laureatum.
ΚΟΡΚΥΡΑΙΩΝ.   Imperator habitu militari stans d. hastam s. scipirum pede sinistro super rotam impolito.

Α. Κ. Α. ΣΕΠ. ΣΕΒΗΡΟΣ. ΠΕ.   Caput laureatum.
ΚΟΡΚΥΡΑΙΩΝ,   Pegasus.
JULIA PIA.
primi moduli.

Julia Augusta.   Caput Juliæ.
S. C. Ceres.   Ceres sedens d. spicas.
Julia Augusta.   Caput Juliæ.
S. C. Hilaritas.   Typus Hilaritatis d. palmam s. cornucopiæ.
Julia Augusta.   Caput Juliæ.
S. C. Vesta.   Vesta sedens.
Julia Pia Felix Aug.   Caput Juliæ.
S. C. Juno.   Juno stans d. pateram s. hastam ad pedes pavonem.
Julia Pia Felix Aug.   Caput Juliæ.
. . . . .   Figura stans.
ferendi moduli.
Julia Domna Aug.   Caput Juliæ.
S. C. Veneri Vict.   Mulier stans columnam innixa d. pateram, s. globum.
Julia Augusta.   Caput Juliæ.
S. C. . . . .   Mulier stans d. palmam oblongam, s. cornucopiæ.

ΙΟΤΛΙΑ. ΔΟΜΝΑ. ΣΕΒ.   Caput Juliæ.

IMPERATORUM ROMANORUM. 55

..... Navis cum r. remigibus.
ΙΟΥΔΙΑ. ΔΟΜΝΑ. ΣΕΒ. Caput Ju-
sive
ΙΕΡΑϹ. ΝΕΙΚΩ. Nicomedensium, Mulier turrita flans d. haftam s. cornucopiæ.

CARACALLA.
primi moduli.
M. Aurel. Antoninus Pius Aug. Germ. Caput Ca-
racalla galeatum.
S. C. P. M. Tr. P. XVIII. Imp. III. Cof. IV. P. P.
Imperator paludatus dextero pede proræ
navis impofita, cui figura muliebris fpicas porri-
git.
M. Aurel. Antoninus Cæf. Caput nudum.
S. C. Spes Publica. Typus Spei ftantis.
Imp. C. M. Aur. Antoninus Pius Aug. Caput lau-
reatum.
S. C. Providentia Augufti. Mulier ftans d. vir-
gam, s. haftam, pro pedibus globum.
M. Aurel. Antoninus Pius Aug. Caput laurea-
tum.
S. C. P. M. Tr. P. XVIII. Imp. III. Cof. IIII. P. P.
Æfculapius ftans d. baculum, cui fer-
pens involutus a dextris puer, a finiftris globus.
M. Aur. Ant. Cæf. Pontif. Caput nudum.
Figura paludata ftans d. ferpentem s. ha-
ftam, a tergo trophæum.
secundi moduli.
Antoninus Pius Aug. Brit. Caput radiatum.
S. C. Pont. Red. Tr. P. XIIII. Cof. II. Mulier
fedens d. thermonem s. cornucopiæ infra rota.
Imp. Antoninus Pius Aug. ... Caput laurea-
tum.
Col. A. A. Patr. Imperator paludatus ftans cui
enfis abfcinditur d. fcipionem.
Μ. ΑΥ. ΑΝΤΩΝΕΙΝΟΣ. ΒΡ. ΑΤ. ΒΡΙΤ.
Caput laureatum
ΚΟΡΚΥΡΑΙΩΝ. Corcyræorum. Navis
cum velo expanfo & remigantibus.
Α. Κ. Μ. ΑΥΡΗΛ. ΑΝΤΩΝΙΝΟΣ. Ca-
put laureatum.
ΙΕΡΑΣ. ΝΕΙΚΟΠΟΛΕΟΣ. Sacræ Nicopolis.
Æfculapius ftans d. baculum cui ferpens
eft involutus.
Μ. ΑΥ. ΑΝΤΩΝΕΙΝΟΣ. ΕΤ. ΑΤ. ΒΡΙΤ.
Caput laureatum.
ΚΟΡΚΥΡΑΙΩΝ. Corcyræorum. Pega-
fus.
Α. ΚΑΙϹΑΡ. ΜΑ. ΑΥΡ. ΑΝΤΩΝΙ-
ΝΟϹ. Caput laureatum.
ΙΔ. Anno IV. Fluvius fedens in monticulo
d. arundinem s. cornucopiæ.
ΑΤΤ.

ΑΥΤ. Κ. ΜΑ. ΑΥΡ. ΑΝΤΩΝΙΝΟC. Caput laureatum.
L⁺ Anno III. Mulier decumbens in lectisternio cum modio in capite d. thermanum. s. capiti admota.
Α. ΚΑΙCΑΡ. ΜΑ. ΑΥΡ. ΑΝΤΩΝΙΝΟC. Caput laureatum.
L⁺ Anno III. Caput imberbe galeatum.

PLAUTILLA
secundi Moduli
Plautilla Augusta. Caput Plautillæ.
C. C. L. I. Cor. Mulier stans d. pateram super aram s. cornucopiæ.
Plautillæ Augustæ. Caput Plautillæ.
ΚΟΡΚΥΡΑΙΩΝ. Corcyræorum. Pegasus.

GETA.
primi moduli.
. . . . Geta . . . . Caput Getæ laureatum.
S. C. . . . . Imperator Eques duos captivos supplantans.
secundi moduli.
. . . . Geta . . . . Caput laureatum.
S. C. . . . . Col. . . . . Imperator Eques pacificatoris habitu.
ΣΕΠ. ΓΕΤΑ. ΚΑΙΣΑΡ. Caput nudum.
ΚΟΡΚΥΡΑΙΩΝ. Corcyræorum. Armatus stans s. pede super.
ΠΟΤ. CΕΠΤ. ΓΕΤΑC. ΚΑΙC. Caput nudum.
ΝΕΙΚΟΠΟΛΕΩC. Imperator paludatus Eques d. hastam.
tertii moduli.
Imp. Geta Cæs. Pont. Caput nudum.
Nobilitas. Mulier stans d. hastam s. victoriolam.

MACRINUS.
primi moduli.
Imp. Cæs. M. Opel. Macrinus Aug. Caput laureatum.
S. C. P. M. Tr. P. Figura sedens in sella curuli.
Imp. Cæs. M. Opel. Macrinus Aug. Caput laureatum.
S. C. Pontif. Max. Tr. P. II. Coss II. P. P. Mulier stans d. cadoceum oblongum. s. cornucopiæ.
ΑΥΤ. Κ. Μ. Ο. CΕ. ΜΑΚΡΙΝΟC. Caput laureatum.
ΙΕΡΑC ΒΥΒΛΥΣ. Sacræ Bibli. Ædificium in cujus aditu figura & cursus Radii cum cuspide & quatuor columnis.

DIADUMENIANUS.
primi moduli.
M. Opel. Antoninus Diadumenianus Cæs. Caput Diadum. nudum.
S. C.

IMPERATORUM ROMANORUM. 57

S. C. Spes Publica. Typus spei.
M. OΠ. ANTΩ. Caput laureatum.
. . . . POΠOA. Mulier sedens d. pateram,
s. hastam cum iunicula in vertice.

ELAGABALUS.
primi moduli.
Imp. Caes. M. Aur. Antoninus Pius Aug. Caput
Elagabali laureatum.
S. C. Invictus Sacerdos Aug. Imperator sacrificans
d. pateram super aram ignitam *in area nomi Stella.*
secundi moduli.
. . . Antoninus. Caput radiatum.
S. C. P. M. Tr. P. XVI. Cos. IIII. P. P. Figura
virilis stans.
Imp. Caes. M. Aur. Antoninus Pius Aug. Caput
laureatum.
S. C. P. M. Tr. P. . . . Cos. III. P. P. Figura
stans d. pateram . . . sceptrum pro pedibus vas ansatum *in area Stella.*

A. KAICAP. AYP. ANTΩNINOC. Caput laureatum.
LΔ Anno IV. Victoria stans d. coronam s. palmam.

JULIA PAULA.
primi moduli.
Julia Paula Augusta. Caput Paulae.
S. C. Concordia. Mulier sedens d. . . . . s. cornucopiae.

JULIA SOEMIAS.
primi moduli.
Julia Soemias Aug. Caput Soemiae.
S. C. Juno Regina. Juno stans d. pateram s. ha-
stam.
Julia Soemias Aug. Caput Soemiae.
S. C. Venus Caelestis. Venus sedens d. pomum,
pro pedibus puerulus manus attollens.

JULIA MAESA.
primi moduli.
Julia Maesa Augusta. Caput Maesae.
S. C. Pietas Aug. Mulier stans sacrificans.
Julia Maesa Augusta. Caput Maesae.
S. C. Pudicitia. Mulier sedens d. velum tenet s.
hastam.
Julia Maesa Augusta. Caput Maesae.
S. C. Pietas Aug. Mulier stans ante aram s. ca-
pulum.

ALEXANDER SEVERUS.
primi moduli.
Imp. Caes. M. Aur. Sev. Alexander Pius Aug. Caput
laureatum.
S. C. Abunda Augusti. Mulier stans d. bilancem
s. cornucopiae, pro pedibus congium.
Imp. Sev. Alexander Aug. Caput laureatum.
S. C. P. M. Tr. P. VIII. Cos. III. P. P. Imperator paludatus stans d. pede talem imposito d. palladium s. parazonium.
Imp. Alexander Pius Aug. Caput laureatum. S. C.

58 NUMISMATA ÆNEA

S. C. P. M. Tr. P. X. Cof. III. P. P. — Victoria
gradiens d. coronam, s. palmam.
Imp. Cæf. M. Sev. Alexander Aug. — Caput laureatum.
S. C. Fides Militum. — Fides duo figna militaria amplectens.
Imp. Cæf. M. Sev. Alexander Aug. — Caput laureatum.
S. C. P. M. Tr. P. V. Cof. II. P. P. — Imperator
togatus facrificans super aram tripodam.
Imp. C. Cæf. M. Sev. Alexander Aug. — Caput laureatum.
S. C. P. M. Tr. P. VI. Cof. II. P. P. — Mulier
flans d. bilancem s. cornucopiæ.
Imp. Cæf. M. Aur. Sev. Alexander Aug. — Caput laureatum.
S. C. P. M. Tr. P. VI. Cof. II. P. P. — Figura
flans d. clava, s. haftam.
Imp. Alexander Pius Aug. — Caput laureatum.
S. C. Providentia Aug. — Mulier flans s. Ancoram, pio pedibus congium.
Imp. Sev. Alexander Aug. — Caput laureatum.
S. C. Profectio Augusti. — Imperator Eques d. Hectorum præeunte victoria.
Imp. Sev. Alexander Pius Aug. — Caput laureatum.
S. C. Virtus Augusti. — Imperator paludatus flans d. globum s. haftam.
Imp. Cæf. Aur. Sev. Alexander Pius Aug. — Caput laureatum.
S. C. Annona Augusti. — Mulier flans d. spicas super congium, s. cornucopiæ.
Imp. Cæf. M. Aur. Sev. Alexander Aug. — Caput laureatum.
S. C. Pax Augusti. — Pax gradiens d. ramum olex, s. sceptrum.
Imp. Sev. Alexander Aug. — Caput laureatum.
S. C. P. M. Tr. P. VIII. Cof. II. P. P. — Quadriga auriganti Imperatore s. scipionem.
Imp. Sev. Alexander Aug. — Caput laureatum.
S. C. Romæ Æternæ. — Roma galeata fedens super arma d. palladium s. haftam.
Imp. Cæf. M. Aur. Sev. Alexander Aug. — Caput laureatum.
S. C. Pontif. Max. Tr. P. II. Cof. P. P. — Mulier
flans columnæ innixa d. virgam s. cornucopiæ, in imo globus.
Imp. Sev. Alexander Aug. — Caput laureatum.
S. C. Victoria Augusti. — Victoria inscribens clypeo trunco arboris appenso VOT. X.
Imp. Cæf. M. Aur. Sev. Alexander Aug. — Caput laureatum.
S. C. . . . . — Mulier flans d. . . . . . s. cornucopiæ.
Imp. Alexander Pius Aug. — Caput laureatum.
S. C. Providentia Aug. — Mulier flans d. spicas s. cornucopiæ, pro pedibus vas a quo spicæ.
Imp. Sev. Alexander Aug. — Caput laureatum.
S. C. Annona Augusti. — Mulier flans d. spicas s. ancoram, pro pedibus congium. Imp.

IMPERATORUM ROMANORUM. 59

Imp. Caef. M. Aur. Sev. Alexander Aug.   Caput laureatum.
S. C. Liberalitas Augusti.   Mulier stans, d. tesseram, s. cornucopiæ.
Imp. Alexander Pius Aug.   Caput laureatum.
S. C. Mars Ultor.   Mars gradiens d. hastam, s. clypeum.
Imp. Alexander Pius Aug.   Caput laureatum.
S. C. Jovi Propugnatori.   Jupiter fulminans.
Imp. Caef. M. Aur. Sev. Alexander Aug.   Caput laureatum.
S. C. Victoria Augusti.   Victoria gradiens d. coronam s. palmam.
Imp. Alexander Pius Aug.   Caput laureatum.
S. C. Spei Publicæ.   Typus Spei stantis.
Imp. Caef. M. Aur. Sev. Alexander Aug.   Caput laureatum.
S. C. P. M. Tr. P. VII. Cof. II. F. P.   Imp. paludatus stans d. hastam, s. parazonium dextero pede prora navis imposito.
Imp. Sev. Alexander Aug.   Caput laureatum.
S. C. Junonis Augusti.   Mulier sedens d. pateram, s. hastam.
Imp. Sev. Alexander Aug.   Caput laureatum.
S. C. Jovi Conservatori.   Imperator stans d. fulmen s. hastam; ad ejus pedes iunuulus Imperatoris togati.
Imp. Sev. Alexander Pius Aug.   Caput laureatum.
S. C. P. M. Tr. P. XIII. Cof. III. P. P.   Sol gradiens.
Imp. Alexander Pius Aug.   Caput laureatum.
S. C. P. M. Tr. P. VIII. Cof. III P. P.   Vir nudus stans capite radiato d. elevat s. globum.

Α. ΚΑΙ. ΜΑΡ. ΑΥΡ. СΕΥ. ΑΛΕΞΑΝΔΡΟС.   Caput laureatum.
L B. Anno II.   Caput Isidis cum flore, pone quod palmæ ramus, ante ramus oleæ. secundi moduli.
Imp. Sev. Alexander Aug.   Caput laureatum.
S. C. . . . . P. P.   Mulier stans, pro pedibus globus.
Imp. Alexander Aug.   Caput radiatum.
S. C. P. M. Tr. P. XIII. Cof. III. P. P.   Sol gradiens.
Imp. Alexander Pius Aug.   Caput radiatum.
S. C. P. M. Tr. P. VIII. Cof. III. P. P.   Quadrigæ aurigante Imperatore s. scipionem.
Imp. C. M. Aur. Sev. Alexander Aug.   Caput laureatum.
S. C. P. M. Tr. P. IIII. Cof. III. P. P.   Mulier sedens d. pateram, s. hastam.
Imp. Caef. M. Aur. Sev. Alexander Aug.   Caput radiatum.
S. C. P. M. Tr. P. . . . Cof. . . . P. P.   Mars gradiens.
Imp. Sev. Alexander Aug.   Caput radiatum.
S. C. Aeternitas Mensis.   Imperator paludatus stans

NUMISMATA ÆNEA

Stans d. demissa s. hastam.
Imp. C. M. Aur. Sev. Alexander Aug. — Caput a-
dicrum.
S. C. · · · · Mulier stans.
reatum.
Μ. ΑΛΕΞΑΝΔΡΟΣ. ΑΥΤ. — Caput lau-
reatum.
ΝΙΚΑΙΕΩΝ. N.exroduum. Tria signa mili-
taria.
Α. ΚΑΙ. ΜΑΡ. ΑΥΡ. ΣΕΥ. ΑΛΕΞΑΝΔΡΟΣ.
Caput laureatum.
LIΓ. Anno XIII. Aquila inter roftro coronam, ad
pedes exurgit palma.
Α. ΚΑΙ. ΜΑΡ. ΑΥΡ. ΣΕΥ. ΑΛΕΞΑΝΔΡΟΣ.
Caput laureatum.
ΠΕΡΙΟΔΟΣ ΔΕΚΑΤΗ. — In Corona.
tertii moduli.
Imp. C. M. Aur. Sev. Alexander Aug. — Caput lau-
reatum.
S. C. P. M. Tr. P. II. Cos. P. P. — Jupiter nudus
ftans d. fulmen s. hastam.
Imp. C. M. Aur. Sev. Alexander Aug. — Caput lau-
reatum.
P. M. Tr. P. IV. Cos. II. P. P. — Mars gra-
diens.

SALUSTIA BARBIA ORBIANA.
primi moduli.
Salust. Barbia Orbiana Aug. — Caput Orbianæ.
S. C. Concordia Augustorum. — Mulier sedens d.
pateram s. duplex cornucopiæ.

JULIA MAMÆA.
primi moduli.
Julia Mamæa Aug. — Caput Mamææ.
S. C. Venus Felix. — Venus sedens d. iunculum s.
hastam.
Julia Mamæa Augusta. — Caput Mamææ.
S. C. Veneri Felici. — Venus stans d. hastam s.
cervum.
Julia Mamæa Augusta. — Caput Mamææ.
S. C. Venus Victrix. — Mulier stans d. galeam s.
hastam, pro pedibus clypeum.
Julia Mamæa Augusta. — Caput Mamææ.
S. C. Felicitas Publica. — Mulier stans d. caduceum
s. columnam innixa.
Julia Mamæa Augusta. — Caput Mamææ.
S. C. Vesta. — Mulier stans s. hastam.
Julia Mamæa Augusta. — Caput Mamææ.
S. C. Junoni Augustæ. — Juno sedens.
Julia Mamæa Augusta. — Caput Mamææ.
S. C. Felicitas Aug. — Mulier stans d. caduceum
oblongum s. cornucopiæ.
Julia Mamæa Augusta. — Caput Mamææ.
S. C. Juno Conservatrix. — Mulier stans d. pateram
s. hastam.
Julia Mamæa Augusta. — Caput Mamææ.
S. C. Felicitas Publica. — Mulier sedens d. caduc-
eum s. cornucopiæ.

Julia

IMPERATORUM ROMANORUM. 61

Julia Mamæa Augusta. — Caput Mamææ.
S. C. Concordia Aug. — Mulier sedens d. patentam
  s. duplex cornucopiæ.
IOT. MAMAIA. CEB. MHT. CEB. K. CTPA.
  Iulia Mamæa Augusta M. Augusti & Castro-
  rum. — Caput Mamææ.

LI. Anno X. — Capita jugata foliis radiatis, &
  lunæ cum luna bicorni ante quos palmæ ramus.
  secundi moduli.
Julia Mamæa Augusta. — Caput Mamææ.
S. C. Felicitas Publica. — Mulier sedens d. caduceum s. cornucopiæ.

MAXIMINUS.
primi moduli.
Imp. M. Maximinus Pius Aug. — Caput laureatum.
S. C. Salus Augusti. — Typus Salutis sedentis.
Imp. Maximinus Pius Aug. — Caput laureatum.
S. C. Providentia Augusti. — Typus Providentiæ
  stantis.
Imp. Maximinus Pius Aug. Germ. — Caput lau-
  reatum.
S. C. Victoria Germanica. — Victoria stans d. coro-
  nam s. palmam pro pedibus captivum.
Imp. Maximinus Pius Aug. — Caput laureatum.
S. C. Fides Militum. — Fides duos tenens duo signa
  militaria.
Imp. Maximinus Pius Aug. — Caput laureatum.
S. C. Victoria Augusti. — Victoria gradiens d. coro-
  nam s. palmam.
Imp. Maximinus Pius Aug. Germ. — Caput lau-
  reatum.
S. C. P. M. Tr. P. IIII. Cof . . . P. P. — Impera-
  tor stans inter quatuor signa militaria.
Imp. Maximinus Pius Aug. Germ. — Caput laurea-
  tum.
S. C. Pax Augusti. — Typus pacis stantis d. ramum
  olex s. hastam transversam.
Imp. Maximinus Pius Aug. — Caput laureatum.
P. M. S. Col. Vim . . . Anno . . . — Typus Co-
  loniæ Viminensis.
  secundi moduli.
Imp. Maximinus Pius Aug. — Caput laureatum.
P. M. T. P. VI. — Typus Martis stantis.
ATTO. MAΞIMINOC. ETC. CEB. — Caput
  laureatum.
L^B. Anno II. — Caput folis radiatum.
ATTO. MAΞIMINOC. ETC. CEB. — Caput
  laureatum.
LΔ. Anno IIII. — Caput juvenile. — Caput
ATTO. MAΞIMINOC. ETC. CEB. — Caput
  laureatum.
LE. Anno III. — Victoria gradiens d. coronam,
MAXIMUS.
primi moduli.
Imp. Maximus Cæs. Germa- — Caput Maximi sta-
  dum. — S. C.

F

NUMISMATA ÆNEA

S. C. Principi Juventutis. Imperator stans, pòp
 quem duo signa militaria.
Maximus Cæs. Getm. Caput nudum.
S. C. Pietas Aug. Instrumenta Pontificalia. 1

GORDIANUS AFR. PATER.
primi moduli.

Imp. Cæs. M. Ant. Gordianus Afr. Aug. Caput
 Africani laureatum.
S. C. Victus Aug. Imperator paludatus s. hast. d.
 clypeum a. halitum.
Imp. Cæs. M. Ant. Gordianus Afr. Aug. Caput
 laureatum.
S. C. Providentia Augg. Typus Providentiæ stan-
 tis.
A.Y. M. ANT. ΓΟΡΔΙΑΝΟC. AΦP. CEB. Ca-
 put laureatum.
L A. Anno I. Mulier stans d. elata s. cor-
 nucopiæ.

GORDIANUS AFR. FIL.
primi moduli.

Imp. Cæs. M. Ant. Gordianus Afr. Aug. Caput Africani Filii laureatum.
S. C. Providentia Aug. Mulier solaris stans d.
 globum radio tangit, s. cornucopiæ columnæ innixa.

BALBINUS.
primi moduli.

Imp. Cæs. D. Cæl. Balbinus Aug. Caput Balbini
 laureatum.
S. C. Liberalitas Augustorum. Mulier stolat a stans
 d. tesseram s. cornucopiæ.
AYT. KEC. KEΛ. BAΛBEINOC. CEB. Caput laureatum.
L A. Anno I. Mulier stans d. elata s. duplex
 cornucopiæ.

PUPIENUS.
primi moduli.

Imp. Cæs. M. Clod. Pupienus Aug. Caput laureatum.
S. C. Concordia Augustorum. Mulier sedens d.
 pateram s. duplex cornucopiæ.
A. K. M. KΛΟΔ. ΠΟΥΠΙΗΝΟC. CE. Caput laureatum.
L A. Anno I. Mulier sedens super arma d.
 victoriolam s. hastam.

GORDIANUS PIUS.
primi moduli.

Imp. Gordianus Pius Fel. Aug. Caput laureatum.
S. C. Lætitia Aug. N. Mulier stans d. coronam s.
 falcem.
Imp. Cæs. M. Ant. Gordianus Aug. Caput laureatum.
S. C. P. M. T. P. II. Cos. P. P. Vir gradiens
 d. hastam s. clypeum.
Imp. Gordianus Pius Fel. Aug. Caput Laureatum.
S. C. Felicit. Tempor. Mulier stans d. caduceum
 oblon-

IMPERATORUM ROMANORUM. 65

oblongum s. cornucopiæ.
Imp. Gordianus Pius Fel. Aug. — Caput laureatum.
S. C. Æternitati Aug. — Figura virilis corona radiata d. clara. s. globum pallio super humerum descendente.
Imp. Gordianus Pius Fel. Aug. — Caput laureatum.
S. C. Victoria Æterna. — Victoria stans d. coronam s. palmam, pro pedibus captivum.
Imp. Gordianus Pius Fel. Aug. — Caput laureatum.
S. C. Jovi Statori. — Jupiter stans d. hastam.
Imp. Caes. M. Ant. Gordianus Aug. — Caput laureatum.
S. C. Fides Militum. — Mulier stans d. signum militare s. hastam transversam.
Imp. Gordianus Pius Fel. Aug. — Caput laureatum.
S. C. Securitas Aug. — Mulier sedens d. sceptrum s. capiti admota, pro pedibus ara.
Imp. Gordianus Pius Fel. Aug. — Caput laureatum.
S. C. Concordia Milit. — Mulier sedens d. patellam s. duplex cornucopiæ.
M. Ant. Gordianus Caes. — Caput nudum.
S. C. Pietas Augg. — Instrumenta Pontificalia.
Imp. Caes. M. Ant. Gordianus Aug. — Caput laureatum.
S. C. Victoria Aug. — Victoria stans d. coronam s. palmam.
Imp. Caes. M. Ant. Gordianus Aug. — Caput laureatum.
S. C. Profectio Augusti. — Imperator Eques quem milites præcedit.
Imp. Gordianus Pius Fel. Aug. — Caput laureatum.
S. C. Mars Propugnator. — Mars galeatus gradiens d. hastam s. clypeum.
Imp. Gordianus Pius Fel. Aug. — Caput laureatum.
S. C. P. M. Tr. P. IIII. Cos. II. P. P. — Mulier sedens d. ramum.
Imp. Caes. Gordianus Pius Fel. Aug. — Caput laureatum.
S. C. Æquitas Aug. — Typus æquitatis stans.
Imp. Gordianus Pius Fel. Aug. — Caput laureatum.
S. C. Securitas Perpetua. — Mulier stans d. hastam s. cubito columnæ inixa.
Imp. Gordianus Pius Fel. Aug. — Caput laureatum.
S. C. Fortuna Redux. — Typus Fortunæ sedentis.
Imp. Gordianus Pius Fel. Aug. — Caput laureatum.
S. C. P. M. Tr. P. ... — Imperator stans d. hastam transversam s. globum.
Imp. Gordianus Pius Fel. Aug. — Caput laureatum.
S. C. P. M. Tr. P. V. Cos. II. P. P. — Mulier sedens d. ramum.
Imp. Caes. M. Ant. Gordianus Aug. — Caput laureatum.

S. C.

NUMISMATA ÆNEA

S. C. Pax Augusti.   Mulier stans d. ramum s. baculum.
Imp. Caes. M. Ant. Gordianus Aug.   Caput laureatum.
S. C. P. M. Tr. P. II. Cos. P. P.   Sacerdos d. pateram super aram.
Imp. Gordianus Pius Fel. Aug.   Caput laureatum.
S. C. Securit. Perpet.   Securitas stans d. hastam s. exhibto columnae innixa. *secundi moduli.*
Imp. Caes. M. Ant. Gordianus Aug.   Caput radiatum.
S. C. Virtus Aug.   Imperator galeatus stans d. ramum, s. hastam.
Imp. Gordianus Pius Fel. Aug.   Caput laureatum.
S. C. Jovi Statori.   Jupiter stans d. hastam.
Imp. Gordianus Pius Fel. Aug.   Caput radiatum.
P. M. S. Col. Vim. Anno IIII.   Mulier stans inter bovem & leonem.

A. K. M. AN. ΓΟΡΔΙΑΝΟC. ETC.   Caput laureatum.
L^B. Anno II.   Caput Jovis barbatum & laureatum.

A. K. M. ANT. ΓΟΡΔΙΑΝΟC. ET.   Caput laureatum.
L^Z. Anno VII.   Mulier cum modio in capite decumbens in lecti sternio d. thermonem, sinistra caput admota.

PHILIPPUS SEN.
primi moduli.
Imp. M. Jul. Philippus Aug.   Caput Philippi laureatum.
S. C. R. M. Tr. P. III. Cos. II. P. P.   Mulier stans d. caduceum oblongum s. cornucopiae.
Imp. M. Jul. Philippus Aug.   Caput laureatum.
S. C. Aequitas Augg.   Typus Aequitatis stantis.
Imp. M. Jul. Philippus Aug.   Caput laureatum.
S. C. Salus Augg.   Mulier stans d. pateram, depascit serpentem super aram, s. hastam.
Imp. M. Jul. Philippus Aug.   Caput laureatum.
S. C. Fides Exercitus.   Quatuor signa militaria.
Imp. M. Jul. Philippus Aug.   Caput laureatum.
S. C. Pax Aeterna.   Pax gradiens d. ramum olivae elevat.
Imp. M. Jul. Philippus Aug.   Caput laureatum.
S. C. Annona Augg.   Typus Annonae stantis.
Imp. M. Jul. Philippus Aug.   Caput laureatum.
S. C. Liberalitas Augg. II.   Mulier stans d. tesseram s. cornucopiae.
Imp. M. Jul. Philippus Aug.   Caput laureatum.
S. C. Miliarium Saeculum. Cos. II.   Cippus in quo Imp.

IMPERATORUM ROMANORUM.

Imp. M. Jul. Philippus Aug. — Caput laurea-
tum.
S. C. Seculares Augg. — Cerva.
Imp. M. Jul. Philippus Aug. — Caput laurea-
tum.
S. C. Æternitas Aug. — Elephas cum rectore.
Imp. M. Jul. Philippus Aug. — Caput laurea-
tum.
S. L. P. M. Tr. P. II. Cof. P. P. — Figura togata
sedens in sella curuli, d. globum.
Imp. M. Jul. Philippus Aug. — Caput laurea-
tum.
S. C. Lcti. Fundata. — Mulier stans d. coronam s.
thermoscem.
Imp. M. Jul. Philippus Aug. — Caput laurea-
tum.
S. C. Seculares Augg. — Lupa cum puerulis.
Imp. M. Jul. Philippus Aug. — Caput laureatum.
S. C. Fides Militum. — Fides duo signa militaria
amplectens.
Imp. M. Jul. Philippus Aug. — Caput laurea-
tum.
S. C. Seculum novum. — Templum sex column-
rum in cuius medio Jupiter.

ΑΥΤΟΚ. Κ. Μ. ΙΟΥΛ. ΦΙΛΙΠΠΟΣ. ΣΕΒ.
Caput laureatum.
ΑΝΤΙΟΚΕΩΝ. ΜΗΤΡΟ. ΚΟΛΩΝ. ΙΕ S.C.
Antiochensium Metropolis Colonis S. C. T. I.
Caput Muliebre velatum & turritum in vertice Arie-
tis astrum.
Imp. Jul. Philippus Pius Felix P. M. — Caput lau-
reatum.
P. M. Col. Vim. An. V. — Mulier stans inter bovem
& leonem.
Imp. M. Jul. Philippus Aug. — Caput laureatum.
P. M. S. Col. Vim. An. VI. — ut supra.
Imp. M. Jul. Philippus Aug. — Caput laurea-
tum.
P. M. S. Col. Vim. An. VII. — ut supra.
Imp. M. Jul. Philippus Aug. — Caput laurea-
tum.
P. M. S. Col. Vim. An. VIIII. — ut supra
secundi nuduli.
Imp. Jul. Philippus Aug. — Caput laureatum.
S. C. Æquitas Augg. — Mulier stans d. bilancem s.
cornucopiæ.
Imp. Jul. Philippus Aug. — Caput laureatum.
S. C. P. M. Tr. P. III. Cof. P. P. — Mulier stolata
stans d. caduceum oblongum s. cornucopiæ.

Α. Κ. Μ. ΙΟΥΛ. ΦΙΛΙΠΠΟΣ. ΕΥ. ΣΕΒ.
Caput laureatum.
LΓ. Anno III. — Figura stans d. hastam.

Α. Κ. Μ. ΙΟΥΛ. ΦΙΛΙΠΠΟΣ. ΕΥ. ΣΕΒ.
Caput laureatum.
LA. Anno I. — Victoria ambabus manibus coro-
nam.

NUMISMATA ÆREA

M. OTACILIA SEVERA.
primi moduli.

M. Otacilia Severa Aug.	Caput Otaciliæ.
S. C. Concordia Augg.	Mulier sedens d. pateram
&. duplex cornucopiæ.	
M. Otacilia Severa Aug.	Caput Otaciliæ.
S. C. Pietas Augusta.	Mulier stolata stans.
M. Otacilia Severa Aug.	Caput Otaciliæ.
S. C. Pudicitia Aug.	Mulier sedens faciem velo
obtegit.	
M. Otacilia Severa Aug.	Caput Otaciliæ.
S. C. Pietas Augusta.	Mulier stans d. extensa s.
capsulam.	
M. Otacilia Severa Aug	Caput Otaciliæ.
S. C. Sæculares Augg.	Hippopotamus.

secundi moduli

Marcia Otacilia Severa Aug.	Caput Otaciliæ.
S. C. Concordia Augg.	Concordia sedens.

PHILIPPUS JUN.
primi moduli.

Imp. M. Jul. Philippus Aug.	Caput laurea-
	tum.
S. C. Liberalitas Augg. III.	Duo Imperatores in
Suggestu sella curuli pro congiarii distributione.	
Imp. M. Jul. Philippus Aug.	Caput laurea-
	tum.
S. C. Sæculares Augg.	Cervus.
M. Jul. Philippus Aug.	Caput nudum.
S. C. Principi Juventutis.	Imperator paludatus
stans d. globum s. hastam.	
M. IOV. ΦΙΛΙΠΠΟC. K. CEB.	Caput nu-
dum.	
LA. Anno IIII.	Mulier stans d. caduceum s.
thesaur.	

TRAJANUS DECIUS.
primi moduli.

Imp. Cæs. C. Mess. Q. Trajan. Decio Aug.	Caput
	laureatum.
S. C Dacia.	Typus Provinciæ Daciæ stolata d.
signum militare, in cujus vertice caput asininum.	
Imp. C. M. Q. Trajanus Decius Aug.	Caput laurea-
tum.	
S. C. Pannonia.	Duæ figuræ muliebres stolatæ &
velatæ stantes utraque signum militare.	
Imp. Cæs. C. Mess. Q. Trajan. Decio Aug.	Caput
laureatum.	
S. C. Genius Exercitus Illyriciani.	Typus Genii
cum mucro in capite & patera s. cornucopiæ prope	
signum militare.	
Imp. C. M. Q. Trajanus Decius Aug.	Caput lau-
reatum.	
S. C. Genius Exerc. Illyriciani.	Typus ut su-
pra.	

secundi moduli

Imp. M. C. Q. Trajanus Decius Aug.	Caput lau-
reatum.	
S. C. Liberalitas Augg.	Mulier stans d. tesseram s.
cornucopiæ.	

A. K.

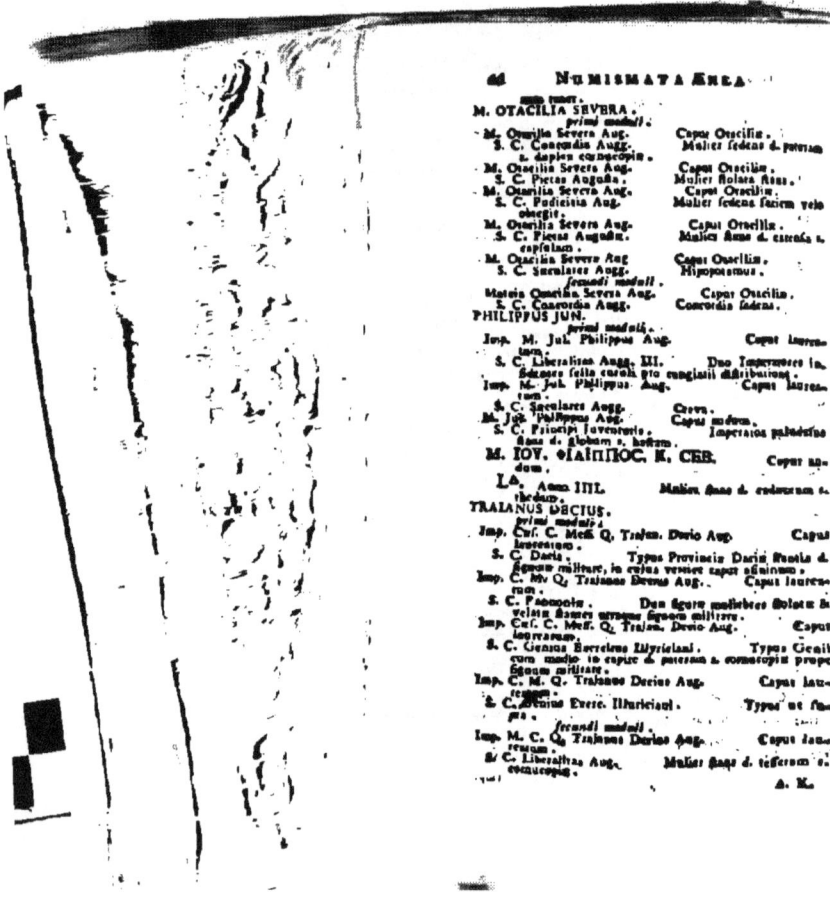

IMPERATORUM ROMANORUM. 67.

Α. Κ. Γ. Μ. Κ. ΤΡΑΙΑΝΟϹ. ΔΕΚΙΟϹ. Caput laureatum.

L^B. Anno II.   Mulier stans d. dextram s. vertentem elevat.
tertii moduli.
Imp. C. M. Q. Trajanus Decius Aug.   Caput radiatum.
Gen. Illyrici . . .   Genius nudus stans d. pateram s. cornucopiæ.

HERENNIA ETRUSCILLA.
primi moduli.
Herennia Etruscilla Aug.   Caput Herenniæ Etruscillæ.
S. C. Pudicitia Aug.   Typus pudicitiæ sedens.
Herennia Etruscilla Aug.   Caput Etruscillæ.
S. C. Concordia Militum   Mulier sedens .
Herennia Etruscilla Aug.   Caput Etruscillæ.
S. C. Fecunditas Aug.   Mulier stolata stans d. fructum s. cornucopiæ, ad pedes puerulus.
secundi moduli.
Herennia Etruscilla Aug.   Caput Etruscillæ in luna biconi.
S. C. Pudicitia Aug.   Typus Pudicitiæ sedentis.

Q. HERENNIUS.
primi moduli.
Q. R. Etr. Mes. Decius Nob. C.   Caput Herennii nudum.
S. C. Pietas Aug.   Mercurius seminudus stans d. cinnamomum s. caduceum.
Q. R. Etr. Mes. Decius Nob. C.   Caput nudum.
S. C. Principi Juventutis .   Imperator paludatus stans d. signum militare s. hastam transversam, ad pedes Aquila.

HOSTILIANUS.
primi moduli.
C. Valens Host. Mes. Quintus N. C.   Caput Hostiliani nudum.
S. C. Principi Juventutis .   Mulier seminuda sedens d. januam s. sceptra ionica.

GALLUS.
primi moduli.
Imp. Cæs. C. Vibius Trebonianus Gallus Aug.   Caput Galli laureatum.
S. C. P. M. Tr. P. IIII. Cos. II. P. P.   Imperator togatus stans d. pateram super aram, s. sceptrum.
Imp. Cæs. C. Vibius Trebonianus Gallus Aug.   Caput laureatum.
S. C. Junoni Martiali .   Mulier sedens d. spicas s. globum.
Imp. Cæs. C. Vibius Trebonianus Gallus Aug.   Caput laureatum.
S. C. Votis Decennalibus .   In corona .

VOLUSIANUS.
primi moduli.
    Imp.

NUMISMATA ÆNEA

Imp. Cæf. C. Vib. Volufiano Aug. — Caput laureatum.
S. C. Pax Augg. — Mulier ftolata ftans d. ramum
s. haftam tranfverfam.
Imp. Cæf. C. Vib. Volufianus Aug. — Caput laureatum.
S. C. Concordia Augg. — Mulier ftans d. pateram s.
duplex cornucopiæ.

ÆMILIANUS
primi moduli.
Imp. Cæf. Æmilianus P. P. Aug. — Caput laureatum.
S. C. Virtus Aug. — Vir galeatus ftans d. romam s.
haftam.

VALERIANUS
primi moduli.
Imp. C. P. Lic. Valerianus Aug. — Caput laureatum.
S. C. Virtus Augg. — Vir galeatus ftans d. super
clypeum s. haftam.
Imp. C. P. Lic. Valerianus Aug. — Caput laureatum.
S. C. Fides Militum. — Fides duo figna militaria
amplectens.
Imp. C. P. Lic. Valerianus Aug. — Caput laureatum.
S. C. — Figura d. fignum militare tenens.
Imp. C. P. Lic. Valerianus Aug. — Caput laureatum.
S. C. Votis Decennalibus. — In Corona laurea.
tercii moduli.
Imp. C. P. Lic. Valerianus Aug. — Caput radiatum.
Felicitas Aug. — Figura ftolata ftans d. caduceum oblongum s. cornucopiæ.

MARINIANA
primi moduli.
Diva Mariniana Augufta. — Caput Marinianæ.
Confecratio. — Pavo cauda expanfa.
Diva Mariniana Augufta. — Caput Marinianæ.
Confecratio. — Pavo ut fupra.

GALLIENUS
primi moduli.
Imp. Gallienus Aug. — Caput Gallieni laureatum.
S. C. Genius Aug. — Figura nuda ftans d. pateram
s. cornucopiæ pone fignum militare.
Imp. C. Lic. Gallienus P. F. Aug. — Caput laureatum.
S. C. Liberalitas Augg. — Mulier ftans d. tefferam
s. cornucopiæ.
fecundi moduli.
Gallienus Aug. — Caput radiatum.
Pax Aug. — Mulier ftans d. ramum.

ΑΥΤ. Κ. Π. ΛΙΚ. ΓΑΛΛΙΗΝΟC. CEB. — Caput laureatum.
LIB. Anno XII. — Aquila alis expanfis hinc &
inde

IMPERATORUM ROMANORUM. 69

inde palmæ ramus.
ΑΥΤ. Κ. Π. ΔΙΚ. ΓΑΛΛΙΗΝΟC. CEB.　　Caput laureatum.
LIB. Anno XII.　　Pallas galeata stans d. hastam s. clypeo innixa.
ΑΥΤ. Κ. Π. ΔΙΚ. ΓΑΛΛΙΗΝΟC. CEB.　　Caput laureatum.
L. ΕΝΑΤΟΥ. Anno VIII.　　Aquila in cujus rostro corona super quam ramus palmæ.
ΑΥΤ. Κ. Π. ΔΙΚ. ΓΑΛΛΙΗΝΟC. CEB.　　Caput laureatum.
LΙΔ. Anno XIIII.　　Caput juvenile ante quod luna bicornis, pone aliud signum.

tertii moduli.

Gallienus Aug.　　Caput radiatum.
Jovi Statori.　　Jupiter nudus stans d. hastam.
Gallienus Aug.　　Caput radiatum.
Libertas Aug. in area ex. S.　　Mulier stans d. pileum s. columnæ innixa.
Gallienus Aug.　　Caput radiatum.
Victoria Æt. in area Z.　　Victoria stans d. coronam s. palmam.
Gallienus Aug.　　Caput radiatum.
Virtus Aug. in area P.　　Imperator paludatus stans d. globum s. hastam.
Gallienus Aug.　　Caput radiatum.
Æquitas Aug.　　Mulier stans d. bilancem s. ...
Gallienus Aug.　　Caput radiatum.
Pax Aug. in area S. L.　　Mulier stans d. ramum s. hastam transversam.
Gallienus Aug.　　Caput radiatum.
Abundantia Aug. in area E. I.　　Typus abundantiæ stantis.
Gallienus Aug.　　Caput radiatum.
Lætitia Aug.　　Mulier stans d. coronam, s. thomonem.
Gallienus Aug.　　Caput radiatum.
Fides Militum in area H.　　Fides amplectens duo signa militaria.
Gallienus Aug.　　Caput radiatum.
Securit. Perpet.　　Mulier stans d. hastam sinistra cubito columnæ innixa.
Gallienus Aug.　　Caput radiatum.
Marti Pacifero.　　Mars galeatus stans d. ramum s. clypeo admoto cum hasta.
Gallienus Aug.　　Caput radiatum.
Pax Aug.　　Figura stans d. ramum in area V.
Gallienus Aug.　　Caput radiatum.
Pax Aug. in area T.　　Mulier stans d. ramum s. hastam transversam.
Gallienus Aug.　　Caput radiatum.
Fortuna Aug.　　Mulier stans d. thimonem, s. cornucopiæ.
Gallienus Aug.　　Caput radiatum.
Oriens Aug.　　Sol stans capite radiato.
Gallienus Aug.　　Caput radiatum.

NUMISMATA ÆNEA

Jovi Ultori	in area S.	Jupiter stans d. fulmen.
Gallienus Aug.		Caput radiatum.
Uberitas Aug.		Mulier stans s. cornucopiæ.
Gallienus Aug.		Caput radiatum.
Annona Aug.		Figura stans.
Gallienus Aug.		Caput radiatum.
Jovi Conf. Aug.		Capra Amalthea.
Gallienus Aug.		Caput radiatum.
Apollini Conf. Aug.	in imo S	Centaurus d. globum, s. thecagerem.
Gallienus Aug.		Caput radiatum.
Dianæ Conf. Aug.	in imo L.	Cervus.
Gallienus Aug.		Caput radiatum.
Dianæ Conf. Aug.	in imo XI.	Cervus.
Gallienus Aug.		Caput radiatum.
Liber P. Conf. Aug.		Tigris, in imo B.
Gallienus Aug.		Caput radiatum.
Neptuno Conf. Aug.		Monstrum marinum anteriori parte equulus, posteriori Balenam.
Gallienus Aug.		Caput radiatum.
Neptuno Conf. Aug.	in imo N	ut supra.
Gallienus Aug.		Caput radiatum.
Fortuna Redux.		Typus Fortunæ reducis.

SALONINA

egregii moduli.

Salonina Augusta, coiof.	Caput Saloninæ in luna bicorni.
Juno Augusta.	Mulier stans d. paterum s. hastam.
Salonina Aug.	Caput Saloninæ in luna bicorni.
	Figura galeata stans s. hastam.
Salonina Aug.	Caput Saloninæ in luna bicornis.
Venus Victrix in area P.	Venus stans d. pomum s. hastam, ad pedes puerulos.
Salonina Aug.	Caput Saloninæ in luna bicorni.
Venus Genetrix in area VI	Typus idem ut supra.
Salonina Aug.	Caput Saloninæ in luna bicornis.
S. C. Pietas Augg.	Mulier sedens ante quam duo infantuli s. hastam.
Salonina Aug.	Caput Saloninæ in luna bicornis.
Vesta.	Mulier sedens d. paterulam s. hastam.
Salonina Aug.	Caput Saloninæ in luna bicornis.
Pudicitia.	Typus Pudicitiæ sedentis.
Salonina Aug.	Caput Saloninæ in luna bicorni.
Pudicitia.	Typus Pudicitiæ stantis.
Cornelia Salonina Aug. bicornis	Caput Saloninæ in luna bicorni.
Concordia Augg. Avogentes.	Salonina & Gallienus dextras.

KOF.

IMPERATORUM ROMANORUM. 71
ΚΟΡΝΑΙΑ. ΣΑΛΩΝΕΙΝΑ. ΣΕΒ. Caput Sa-
loninae.
LIΩ. Anno XIIII. Aquila retro uaci coro-
nam.
POSTUMUS. *secundi moduli.*
Imp. C. M. Caſſ. Lat. Poſtumus. Caput Poſtumi
radiatum.
S. C. Fides Militum. Fides ſtans ambabus mani-
bus duo ſigna militaria tenens.
VICTORINUS. *tertii moduli.*
Imp. C. Flav. Victorinus P. F. Aug. Caput Victori-
ni radiatum.
Providentia Aug. Typus Providentiae ſtantis.
CLAUDIUS GOTHICUS. *tertii moduli.*
Imp. C. Claudius Aug. Caput radiatum.
Aequitas Aug. Typus Aequitatis ſtantis.
Imp. C. Claudius Aug. Caput radiatum.
Felicitas Aug. Typus Felicitatis ſtantis.
Imp. C. Claudius Aug. Caput Claudii radia-
tum.
Providentia Aug. Typus Providentiae ſtan-
tis.
Divo Claudio. Caput radiatum.
Conſecratio. Ara accenſa.
Imp. C. Claudius Aug. Caput radiatum.
Genius Exercit. Genius ſtans d. patetam s. cor-
nucopia.
Imp. C. Claudius Aug. Caput radiatum.
P. M. Tr. P. Cos. P. P. Figura togata ſtans d.
ramum s. haſtam.
Imp. C. Claudius Aug. Caput radiatum.
Spes Publica. Typus Spei ſtantis.
Imp. C. Claudius Aug. Caput radiatum.
Virtus Aug. Imperator galeatus ſtans d. ramum
o. s. haſtam.
Imp. C. Claudius Aug. Caput radiatum.
Felicitas Aug. Figura ſtans d. caduceum obliq.
s. cornucopia.
Divo Claudio. Caput radiatum.
Conſecratio. Aquila alis expanſis.
Imp. C. Claudius Aug. Caput radiatum.
Virtus Aug. in area D. Figura militaris ſtans d.
ramum s. haſtam prope clypeum.
Imp. C. Claudius Aug. Caput radiatum.
Fides Militum in area C. Fides ſtans d. laborum
s. ſignum militare.
Imp. C. Claudius Aug. Caput radiatum.
Laetitia Aug. Typus Laetitiae ſtantis.
Imp. Claudius Aug. Caput radiatum.
Uberitas Aug. Mulier ſtans d. crumenam s. cornu-
copia.
Imp. C. Claudius Aug. Caput radiatum.
Annona Aug. Typus Annonae ſtantis.
Imp. Claudius P. F. Aug. Caput radiatum.
Fortuna Redux. Fortuna ſtans d. thimonem s.
cornucopia.

Imp.

72 NUMISMATA ÆNEA

Imp. C. Claudius Aug. — Caput radiatum.
Mars Ultor. — Mars gradiens d. hastam s. spolia super humerum.

QUINTILLUS.
tertii moduli.

Imp. Cæf. M. Aur. Cl. Quintillus P. F. Aug. — Caput radiatum.
Ubertias Aug. — Mulier stans d. crumenam s. cornucopiæ.
Imp. C. M. Aur. Quintillus Aug. — Caput radiatum.
Apollini Conf. — Apollo stans d. ramum s. lyram.

AURELIANUS.
tertii moduli.

Imp. Aurelianus Aug. — Caput Aureliani radiatum.
Virtus Aug. in imo T. — Duæ figuræ stantes tenentes hastas, subter d. gesta victoriolam, ambos globum.
Imp. Aurelianus Aug. — Caput laureatum.
Jovi Conservat in imo S. — Duæ Figuræ, quarum una porrigit alteri globum.
Imp. Aurelianus Aug. — Caput radiatum pectore tenus.
Virtus Militum. — Duæ Figuræ, una tenet d. vj. storiolam s. hastam transversam. Alia d. hastam erectam s. globum.
Imp. C. Aurelianus Aug. — Caput radiatum.
Concordia Milit. — Concordia stans, utraque manu tenet signum militare.
Imp. Aurelianus Aug. — Caput radiatum.
Fortuna Redux. — Fortuna sedens d. themonem s. cornucopiæ, sedet super rotam.
Imp. C. Aurelianus Aug. — Caput radiatum ?
Oriens Aug. in imo XXIP. — Sol capite radiato gradiens d. elata inter duos captivos.
Imp. C. Aurelianus Aug. — Caput radiatum.
Remissor Orientis in imo A. — Imperator paludatus stans d. porrigit mulieri retrita genuflexæ s. hasta innixus.
Imp. C. Aurelianus Aug. — Caput radiatum.
F. M. Tr. P. Cof. — Neptunus stans d. Delphinum s. tridentem.
Imp. C. Aurelianus Aug. — Caput radiatum.
Securit. Aug. — Typus securitatis stans.
Imp. C. Aurelianus Aug. — Caput radiatum.
Fax. Aug. in imo XXV. — Mulier stans d. ramum.
Imp. C. Aurelianus Aug. — Caput radiatum.
Pietas Augg. in imo S. — Aurelianus à dextris stans d. pateram s. baculum ex adverso stat Severina, tripode intermedio d. pateram s. vestem à baculum.
Imp. Aurelianus Aug. — Caput radiatum.
Concordia Militum in area S. in imo XXIV. — Dea concordia porrigens dex Imperatori togato.
Imp. C. Aurelianus Aug. — Caput radiatum.
Restitutor Orbis — Mulier coronat Imperatorem stantem d. hastam tenentem, ad pedes animal.

Imp.

IMPERATORUM ROMANORUM. 75

Imp. Aurelianus aug.   caput radiatum.
Oriens aug. In area IV in imo XXI. B. Sol
  capite radiato d. ramum s. stupineum, comedentem capti-
  vum.
Imp. Aurelianus aug.   caput radiatum.
Restitutor Orientis . in imo A.   Mulier clevm co-
  ronam super caput Imperatoris ponentis .
Imp. C. Aurelianus aug.   caput radiatum.
Concordia aug. in imo A.   Imperator s. ha-
  stam, d. porrigit coniugi, capite solis radiante inter-
  medio.
A. KA. ΔΟΜ. ΑΥΡΗΛΙΑΝΟϹ. CEB.   ca-
  put laureatum.
ΑΤΤ. ΕΡΜΙΑϹ. ΟΥΑΒΑΛΛΑΤΟϹ. ΑΘΗΝΟΔΩ·
  caput Vabalati.
SEVERINA.   tertii moduli.
Severina aug.   caput Severinae in fusa histri-
  ni.
Concordia Militum. in imo S. XXI   Mulier
  duo signa militaria amplectens.
Severina aug.   caput Severinae.
Concordia augg.   Aurelianus & Severina jun-
  gentes dextras.
VABALATUS.   b.
  tertii moduli.
Vabalatus Verindo.   caput laureatum.
Imp. C. Aurelianus aug.
ΑΤΤ. ΕΡΜΙΑϹ. ΟΥΑΒΑΛΛΑΘΟϹ. ΑΘΗΝΟΔ.
  ante l.   caput Vabalati .
A. KA. ΔΟΜ. ΑΥΡΗΛΙΑΝΟϹ. CEB.   caput
  Aureliani laureatum.
TETRICUS PATER.
  tertii moduli.
Imp. Tetricus P. F. aug.   caput Tetrici radia-
  tum.
Victoria aug.   Victoria gradiens d. lauream s. pal-
  mam.
Imp. Pater. Tetricus aug.   caput radiatum.
Virtus aug.   Figura virilis galeata d. hastam s. cly-
  peum.
Imp. Tetricus P. F. aug.   caput radiatum.
Pax aug.   Mulier &c.
Imp. Tetricus P. F. aug.   caput radiatum.
  Figura &c.
TETRICUS FILIUS.
  tertii moduli.
Imp. C. Pivesus Tetricus Caes.   caput radiatum.
Spes Publica.   Typus Spei stantis.
DOMIT. DOMITIANUS.
  secundi moduli.
Imp. C. L. Domitius Domitianus aug.   caput lau-
  reatum.
Genio Populi Romani in area A in imo ALE.   Ge-
  nius stans cum modio in capite palito in levam re-
  jecto d. pateram s. cornucopia ad pedes aquila cum
  corona in rostro.
G   TA-

26 NUMISMATA ÆREA

TACITUS.

tertii moduli.

Imp. Caf. Clood. Tacitus aug. — Caput radiatum.
Æquitas aug. — Typus Æquitatis stantis in ima XXII.

Imp. C. M. Cl. Tacitus aug. — caput radiatum.
Salus aug. in ima SVID — Figura patera depafcit ferpentem super aram.

Imp. C. M. Cl. Tacitus aug. — caput radiatum.
Salus Publica. — Mulier stans.

Imp. C. M. Cl. Tacitus aug. — caput radiatum.
Felicitas Saeculi. — Mulier stans d. patęram sinist. arum s. caduceum.

Imp. C. M. Cl. Tacitus aug. — caput radiatum in imo AXIS.
Ubertas aug. — Mulier stans d. crumenam s. cornucopiae.

Imp. Cl. Tacitus aug. — caput laureatum.
Mars Victor. aliquo — Mars gradiens ante cuem.

Imp. C. M. Cl. Tacitus aug. — caput radiatum.
Providentia aug. — Typus Providentiae stantis.
ΑΤ. ΚΑ. ΤΑΚΙΤΟC. CEB. — caput laureatum.
ΘΤΟΥC. Α. — Mulier stans d. bijucem s. cornucopiae.

FLORIANUS.

tertii moduli.

Imp. C. M. Ann. Florianus P. aug. — caput Floriani radiatum.
Providae. aug. in imo XXI. — Mulier stans d. globum s. palmam.

PROBUS.

tertii moduli.

Probus P. F. aug. — caput Probi radiatum.
Jovi Conf. Prob. aug. in imo D.D. — Jupiter stans d. fulmen s. hastam.

Probus P. F. aug. — caput radiatum.
Fides Militum. in imo D.D. — Fides ambabus manibus tenet signum militare.

Imp. Probus aug. — caput Probi galeatum d. hastam s. clypeum.
Adventus aug. — Imperator Eques capitivum suplantans.

Imp. C. M. Aur. Probus aug. — caput radiatum.
Conservat. aug. in imo XXIQ — Figura stans capite radiato d. clare s. globum.

Virtus Probi aug. — caput galeatum d. hastam s. clypeum.
Providenc. aug. in area Q. in imo S. XVI. — Figura stans d. globum s. thronomem.

Imp. Probus aug. — caput radiatum.
Romæ Æterne. in imo AJJG. — Templum exastylum in cuius aedem Figura.

Imp. C. M. Aur. Probus aug. — caput radiatum.

Fl-

IMPERATORUM ROMANORUM. 75

Fides Milit. — Mulier stans d. hastam s. signum militare transfertum.
Imp. C. M. Aur. Probus aug. — caput radiatum.
Clementia Temp. — Imperator stans d. porrigit globum alii figurae s. hastam tenenti s. sceptrum consulare.
Imp. C. M. Aur. Probus aug. — caput radiatum.
Oriens aug. — Sol radiatus conculcat captivum.
Imp. C. M. Aur. Probus P. F. aug. — Caput galeatum d. hastam s. clypeum.
Adventus Probi aug. in imo XXI NS — d. Imperator Eques captivum supplantans.
Imp. Probus aug. — caput radiatum.
Soli Invicto. in imo * * * — Quadrigae triumphales quibus insistit Apollo, capite radiato d. elata s. frenum & habenas.
Imp. C. M. Aur. Probus aug. — caput radiatum.
Salus aug. — Typus Salutis stantis d. patera m. serpentem pascit.
Imp. C. M. Aur. Probus P. F. aug. — caput radiatum d. sceptrum in cuius vertice aquila.
Soli invicto in imo CM. XXIV. — Sol in quadrigis.
Equis directim currentibus.
Imp. C. M. Aur. Probus P. F. aug. — caput radiatum.
Provident. aug. — Typus Providentiae stantis.
Imp. C. M. Aur. Probus aug. — caput radiatum.
Virtus Probi aug. XXLVI. — Mars dextrorsum gradiens.
Imp. C. Probus aug. — caput radiatum d. sceptrum in cuius vertice aquila.
Concord. Milit. in imo DXX. — Mulier utraque manu tenens signum militare.
Imp. C. M. Aur. Probus P. aug. — caput Probi galeatum d. clypeum s. clypeum.
Clementia Temp. in imo XXP. — Imperator stans d. porrigit globum alii figurae s. d. hastam tenenti s. sceptrum consulare.
Imp. Probus P. F. aug. — caput radiatum.
Pax august. in imo XXI. — Figura stans d. elevat ramum olivae.
Imp. C. M. Aur. Probus P. F. aug. — caput radiatum.
Jovi Victori in imo LHB. — Jupiter stans d. victoriolam s. hastam, ad pedes aquilam.
Imp. C. Probus P. F. aug. — caput radiatum.
Concord. Milit. in imo DXXT. — Imperator d. porrigit alii figurae s. tenet globum.
Imp. C. M. Aur. Probus aug. — caput radiatum.
P. M. Tr. P. Cos. II. PP. in imo XX is — Leo discerpens Taurum.
Imp. C. Probus P. F. aug. — caput radiatum.
Virtus aug. — Figura galeata stans d. victoriolam s. hastam & clypeum.
Imp. C. Probus P. F. aug. — caput radiatum.
Fides Militum. — Fides utraque manu signum militare.
Imp. C. M. Aur. Probus aug. — caput radiatum.

G 2

NUMISMATA ÆNEA

Felicitas aug.   Typus Felicitatis d. pateram super aram n. caduceum.
Imp. C. M. Aur. Probus aug.   caput radiatum d. sceptrum.
Marti Pacifero.   Mars gradiens.
Imp. C. Probus F. F. aug.   caput radiatum.
Salus aug. *in imo* XXIIII.   Typus Salutis sedentis.
Imp. Probus F. F. aug.   caput radiatum.
Victoria aug. *in imo* R-C   Victoria gradiens d. coronam s. trophæum.
Virtus Probi aug.   caput galeatum d. spiculum s. clypeum.
Pax augusti. *in area* T*.   Figura stans d. ramum s. hastam transversam.
Imp. C. M. Aur. Probus P. F. aug.   caput radiatum.
Virtus Probi aug. *in imo* XXIV   Figura Equestris d. hastam capitibus supplantat.
Probus P. F. aug.   caput radiatum.
Adventus aug.   Imperator Eques d. elata s. hastam.
Imp. C. Probus F. F. aug.   caput radiatum.
. . . . Tigris gradiens.   *quartii moduli*.
Imp. Probus aug.   caput laureatum.
Virtus aug.   Imperator armatus stans d. hastam s. globum.

Δ. Κ. Μ. ΑΥΡ. ΠΡΟΒΟC. CEB.   Caput laureatum.
L H anno VIII.   Mulier stans d. florem s. hastam transversam.

CARUS.
tertii moduli.
Imp. Carus P. F. aug.   caput radiatum.
Æternitas Imperti *in imo* NB.   Figura virilis capite radiato.
Imp. C. M. Aur. Carus P. F. aug.   caput radiatum.
Restitut. Orbis. *in area* *P. *in imo* XXI.   Miles d. globum s. hastam. Mulier coronam globo imponit.
Imp. Carus P. P. aug.   caput radiatum.
Abundantia aug.   Mulier stans.
Imp. C. M. Aur. Carus P. P. aug.   caput radiatum.
Virtus aug.   Figura galeata stans, s. hastam.
Imp. C. M. Aur. Carus P. F. aug.   caput radiatum.
Providentia augg. *in imo* . . XXI.   Mulier stans d. spicas, infra congium, s. cornucopia.
Imp. C. Carus P. P. aug.   caput radiatum.
Spes Publica. *in imo* XXI.   Typus Spei d. florem, s. vestem elevat.

ΘΕΩ. ΚΑΡΩ. CEB.   caput laureatum.
ΑΦΙΕΡΩCΙC. Consecratio.   Ara ignita.

NUMERIANUS.
tertii moduli.

Imp.

Imp. Numerianus aug. caput Numeriani radia-
tum.
Jovi Victori. in ime M* III. Jupiter stans d.
fulmen s. hastam ad pedes aquilam.
Imp. M. Aur. Numerianus Nob. C. caput radia-
tum.
Princpi juventut. in ime . . . . Figura stans d.
virgam s. hastam transversam.
Imp. Numerianus aug. caput radiatum.
Undique Victores. Figura stans d. globum s. ha-
stam.
Imp. Numerianus P. F. aug. caput radiatum.
Providentia augg. Typus Providentiæ stan-
tis.

A. K. M. A. NOYMEPIANOC. CEB. Caput
laureatum.
LB. anno II. Roma galeata sedens d. victoriolam s. hastam infra clypeum.

A. K. M. A. NOYMEPIANOC. CEB. Caput
laureatum.
LB. anno II. Aquila tenens rostro coronam
inter duos labaros.

CARINUS.
tertii moduli.
Imp. C. M. Aur. Carinus aug. caput Carini radia-
tum.
Æternit. augg. in ime KAT. Figura stans d.
phœnicem super globum.
Imp. C. Carinus P. F. aug. caput radiatum.
Genius Exercit. in ime XAM. Genius stans,
modius super caput d. pateram, s. cornucopiæ.
Imp. C. M. Aur. Carinus Cæs. caput radiatum.
Principi juventut. in ime XAG. Figura paludata
stans d. signum militare, s. sceptrum.
Imp. C. M. Aur. Carinus P. F. aug. caput radiatum.
Virtus augg. in ime IX, D. in area B. Duo
Imperatores laureati & paludati stantes dextris globum super quem victoriolam sustinent, ad pedes captivi.

A. K. M. A. KAPINOC. CEB. caput laureatum.
LB. Aquila inter duos labaros rostro tenens coronam.

DIOCLETIANUS.
secundi moduli.
Imp. C. Diocletianus aug. caput Diocletiani lau-
reatum.
Genio Populi Romani in area fl. Genius stans
modio, & patera, & cornucopiæ.
Imp. Diocletianus P. F. aug. caput laureatum.
Felix adventus augg. N. N. Mulier stans cum
prosepide super caput d. labarum s. Elephanti dor-
tem pro pedibus leo & tigres.
Imp. Diocletianus P. F. aug. caput laureatum.
Sacra Moneta augg. & Cæss. Nostr. in ime R Q P.

G₃

NUMISMATA ÆNEA

Mulier stans d. bilancem, s. cornucopiæ. In area H
D. N. Diocletiano Beatissimo Sen. aug.   caput pe-
ctore nudum.
Providentia Deorum Quies augg.   Duæ figuræ qua-
rum una porrigit ramum alteri.
tertii moduli.
Imp. C. Val. Diocletianus aug.   caput radia-
tum.
Hercoli Conservat.   Hercules nudus cum leonis
exuviis.
Imp. Diocletianus aug.   caput radiatum.
Jovi Conservat. aug.   Jupiter nudus stans d. ful-
men, s. hastam.
Imp. Diocletianus aug.   caput radiatum.
Primus Multis XX.   Jupiter heroes stans d. fulmen
s. hastam.
Imp. Diocletianus aug.   caput radiatum.
Jovi Conservat. augg.   Jupiter stans d. fulmen s.
hastam.
Imp. C. Val. Diocletianus P. F. aug.   caput radia-
tum.
Concordia Militum.   Duæ figuræ jungentes dextras
supra quas victoriola in area * H
Imp. C. Val. Diocletianus P. F. aug.   caput radia-
tum.
Concordia Militum.   Duæ figuræ ut supra in area
NB.
Imp. C. Val. Diocletianus aug.   caput radia-
tum.
Concordia Militum.   ut supra. In area B infra
III.
Imp. C. Val. Diocletianus aug.   caput radia-
tum.
Vot. XX.   in corona.
Imp. Diocletianus aug.   caput radiatum.
Victoria aug.   Victoria gradiens s. coronam.
Δ. Κ. Γ. ΟΥΑΛ. ΔΙΟΚΛΗΤΙΑΝΟC. CEB.   Ca-
put laureatum.
L. anno II.   Mulier stans d. spicas s. tho-
dam.
Δ. Κ. Γ. ΟΥΑΛ. ΔΙΟΚΛΗΤΙΑΝΟC. CEB.   Ca-
put laureatum.
LA. anno I.   Mulier sedens d. bilancem s.
cornucopiæ.
Δ. Κ. Γ. ΟΥΑΛ. ΔΙΟΚΛΗΤΙΑΝΟC. CEB.   ca-
put laureatum.
F anno III.   ΕΤΟΥC   Victoria gra-
diens.
Δ. Κ. Γ. ΟΥΑΛ. ΔΙΟΚΛΗΤΙΑΝΟC. CEB.   ca-
put laureatum.
L. anno III.   Mulier stans d. thesaurum s. cu-
cornucopiæ.

MAXIMIANUS.
secundi moduli.
Imp. Maximianus P. F. aug.   caput laureatum.
Herculi victori.   Hercules nudus stans d. clavam
s. arcu-

IMPERATORUM ROMANORUM.

a. cravius leonis.
Imp. C. M. A. Maximianus p. f. aug. caput laureatum.
Genio populi Romani. genius stans in imo TS.
Imp. Maximianus p. f. aug. caput laureatum.
Genio augusti. Duo genii dextram s. eorum copiis.
Imp. Maximianus p. f. aug. caput laureatum.
Fides militum. Fides sedens utraque manu signum militare.
Imp. Maximianus p. f. aug. caput galeatum d. spiculum s. clypeum.
Virtus negotiorum & exs. n. n. Imperator Equus duos hostes supplantans.
Imp. Maximianus p. f. aug. caput laureatum.
Sacra moneta augg. & ens. noss. Typus monetæ stantis.
Imp. C. Maximianus aug. caput laureatum.
Conservator urbis suæ. Templum seu columnarum.

tertii moduli.
Imp. C. M. A. Maximianus p. f. aug. caput radiatum.
Concordia militum. Duæ figuræ dexteras jungentes supra quas victoriola.
Imp. C. Maximianus p. f. aug. b caput laureatum.
Genio Augusti. Genius stans.

MAXIMIANOC. CEB. caput laureatum.
L'. Anno VI. Hercules nudus stans d. victoriolam s. clavam. in area astrum.
MAXIMIANOC. CEB. caput laureatum.
L'. Anno VI. Victoria gradiens d. coronam s. palmam.

CONSTANTIUS NOB. CÆS.
secundi moduli.
Constantius nob. cæs. caput laureatum.
Sacra moneta augg. & ens. noss. Typus Monetæ stantis.
Constantius nob. cæs. caput laureatum.
Sac. mon. urb. augg. & cæs. N. N. Typus monetæ stantis.
Constantius nob. cæs. caput laureatum.
Genio populi Romani. Typus genii stantis.
Constantius nob. cæs. caput laureatum.
Salvis augg. & ens. fel. kart. ; mulier stans d. spicas s. fructus.
Constantius p. f. aug. caput laureatum.
Herculi victori. Hercules stans d. clavam s. spolia leonis.
Fl. Val. Constantius nob. cæs. caput laureatum.
Genio populi Romani. Typus Genii stantis.
Constantius p. f. aug. caput laureatum.
Fides militum. H. H. & ens. N. N. Fides stans utraque manu signum militare.
Fl. Val. Constantius p. f. aug. caput laureatum.
Æternitati aug. N. castor & pollux hastis innixi stant equorum habenas.

Con-

6 NUMISMATA ÆREA

Constantius p. f. aug.   caput temporatum.
Fides militum.   Fides sedens utrāque manu Signum militare.
tertii moduli.
Constantius Nob. C.   caput radiatum.
Vota X. mult.   In corona.
Divo Constantio Pio Princ.   Caput laureatum.
Requies Optimorum Meritorum.   Figura sedens in sella curuli d. elata s. sceptrum.
Imp. C. Constantius Nob. Cæs.   Caput radiatum.
Concordia Militum.   Duæ figuræ stantes dextras jungentes supra quas victoriola.

HELENA.
tertii moduli.
Fl. Helena Augusta.   Caput Helenæ.
Securitas Reipublicæ.   Mulier velata dans fl. frondem.

F. MAXIMA THEODORA.
quarti moduli.
Fl. Maxima Theodora Aug.   Caput Theodoræ.
Pietas Romana.   Mulier stans cum infante lactante.

SEVERUS.
secundi moduli.
Severus Nob. Cæs.   Caput Severi galeatum d. spiculam s. clypeum.
Virtus Augg. & Cæs. N. N.   Imperator Eques duos captivos supplantat.
Severus Nob. Cæs.   Caput laureatum.
Sac. Mon. Urb. Augg. & Cæs. N. N.   Typus Monetæ stantis in area ASTRUM.
Severus Nob. Cæs.   Caput laureatum.
Genio Populi Romani.   Typus Genii stantis.
Fl. Val. Severus Nob. Cæs.   Caput laureatum.
Perpetuitas Augg.   Roma galeam dextera d. Victoriolam super globum s. hastam in area SPA in imo ALE

GAL. VAL. MAXIMIANUS.
secundi moduli.
Maximianus Nob. Cæs.   Caput laureatum.
Genio Populi Romani.   Typus Genii, in imo SIS.
Imp. C. Val. Maximianus p. f. Aug.   Caput laureatum.
Genio Imperatoris.   Typus Genii stantis, in area K. P. in imo ALE.
Maximianus Nob. Cæs.   Caput laureatum.
Sacra Moneta Augg. & Cæs. Nostr.   Typus Monetæ stantis.
Imp. C. Gal. Val. Maximianus p. f. Aug.   Caput laureatum.
Genio Imperatoris.   Typus Genii in imo ANT. in area Ara & H.
Imp. C. Gal. Val. Maximianus p. f. aug.   caput laureatum.
Virtus Exercitus.   Mars galeatus gradiens d. hastam s. tropæum & clypeum. in imo ANT.
tertii moduli.
Imp. C. Gal. Val. Maximianus p. f. aug.   caput laureatum.
Genio augusti.   Typus Genii d. Iunculam s. cornucopiam

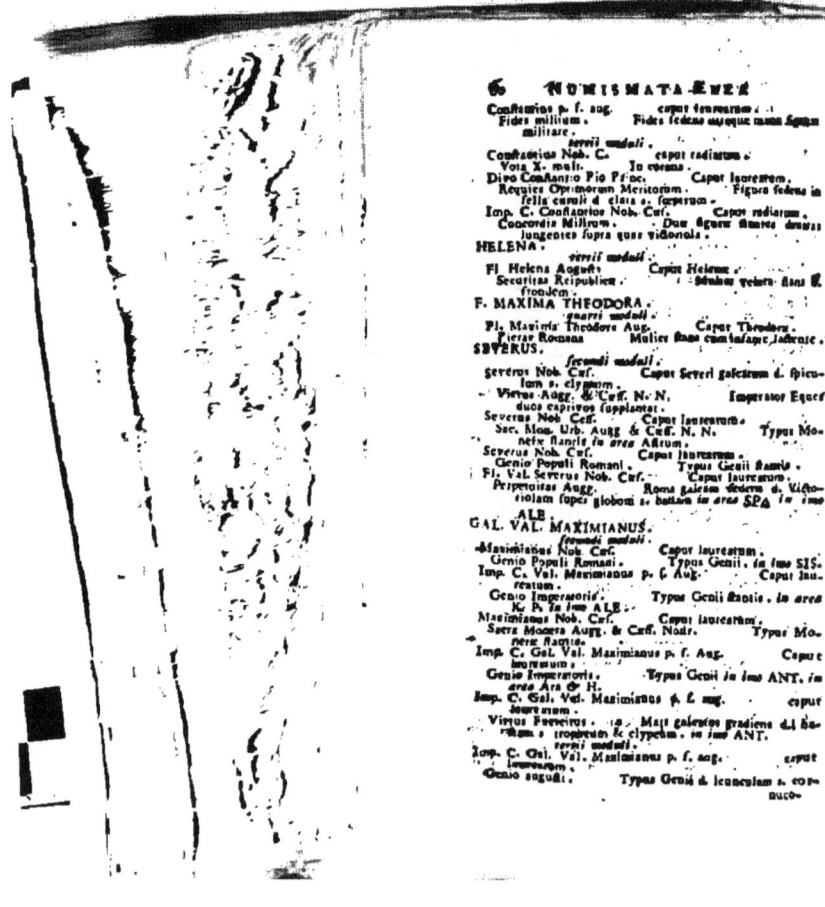

IMPERATORUM ROMANORUM. 81
accepto in area ✠A
GALERIA VALERIA.
    secundi moduli.
Gal. Valeria aug.   caput Valeriæ.
Veneri Victrici.   venus stans. in two HTA.
Gal. Valeria aug.   cap. Valeriæ.
Veneri victrici.   venus stans d. pomum in area A
in imo H∆
  Gal. Valeria aug.   caput valeriæ
Veneri Victrici.   venus stans in area Astrum.
MAXENTIUS
    secundi moduli.
Imp. C. Maxentius p. f. aug.   caput laureatum.
Conservator urbis suæ.   Jup. in templo tetrastylo
globum à Roma accipit.
Imp. C. Maxentius p. f. aug.   caput laureatum.
Victoria æterna aug.   Victoria gradiens d. coronam.
Imp. C. Maxentius p. f. aug.   caput laureatum.
Conservator urbis suæ.   Roma sedens in aditu templi exastyli.
Imp. C. Maxentius p. f. aug.   caput laureatum.
Conservator urbis suæ.   templum et supra in imo
HQF.
Imp. C. Maxentius p. f. aug.   caput laureatum.
Æternitas aug.   castor & Pollux hasta iniuxi stantes æquosum tenent.
ROMULUS.
    secundi moduli.
Divo Romolo Nobil. cons.   caput Romuli nudum ad humeros.
Æternæ Memoriæ.   Templum rotundum cum gradibus cujus vertici imminet aquila alis expansis.
GAL. VAL. MAXIMINUS.
    secundi moduli.
Maximinus Nob. Cæs.   caput laureatum.
Virtus augg. & Cæs. N. N.   Imperator Eques duos hostes supplantans.
Maximinus Nob. Cæsar.   caput laureatum.
Virtus augg. & Cæs. N. N.   Mars galeatus gradiens d. hastam. s. spolia.
Gal. Val. Maximinus Nob. Cæs.   caput laureatum.
Genio Cæsaris.   Typus Genii stantis.
Imp. Maximinus p. f. aug.   caput laureatum.
Genio augusti.   Typus Genii in area in imo
SIS.
Imp. C. Gal. Val. Maximinus p. f. aug.   caput laureatum
Genio Imperatoris.   Typus Genii coronati stantis.
    tertii moduli.
Gal. Val. Maximinus Nob. Cæs.   caput radiatum +
Concordia Militum.   Duæ figuræ stantes manus jungentes supra quas victoriola super globum.
Gal. Val. Maximinus Nob. Cæs.   caput laureatum.
Genio Populi Romani.   ✶ Typus genii in imo SIS.
Imp. C. Gal. Val. Maximinus p. f. aug.   caput laureatum.
Jovi Conservatori aug.   Jupiter pileatus stans d. victor.

NUMISMATA ÆNEA

victoriolam super globum & hastam ad pedes Aquila.
Imp. Maximinus p. f. aug. caput laureatum.
Jovi Conservatori aug. Jupiter ut supra. in area
B. in imo SIS.
Imp. Maximinus p. f. aug. caput laureatum.
Jovi Conservatori augg. N. N. Jupiter, ut supra.

LICINIUS

secundi moduli.
Imp. C. Lic. licinius p. f. aug. caput laureatum.
Jovi Conservatori. Jupiter stans d. fulmen s. hastam, in area Corona laurea & globus in imo SIS.
Imp. Licinius p. f. aug. caput laureatum.
Genio augusti. genius stans.
Imp. Lic. Licinius p. f. aug. caput laureatum.
Jovi conservatori. Jupiter stans d. fulmen s. hastam, ad pedes aquila rostro coronam tenens.
tertii moduli.
Imp. Licinius p. f. aug. caput laureatum.
Soli Invicto comiti. Sol stans veste talari d. elata s. caput serapidis.
Imp. Licinius aug. caput galeatum.
Vota XV. Fel.
Imp. Lic. Licinius p. f. aug. caput laureatum.
Jovi conservatori. Jupiter ut supra in area B. in imo SIS.
Imp. Lic. Licinius p. f. aug. caput laureatum.
Jovi conservatori augg. N. N. Jupiter ut supra in imo SIS.
Imp. Licinius p. f. aug. caput laureatum.
Marti conservatori. Mars galeatus stans d. hastam s. clypeo innixam.
Imp. Licinius aug. caput laureatum.
Jovi conservatori augg. N. N. Jupiter ut supra ad pedes palma.
Imp. Licinius aug. caput laureatum.
Victoriæ lætæ princ. per. Duæ victoriæ clypeum sustinentes in quo scriptum VOT. P. R. & cippo imponentes, subtus duo captivi.
Imp. Licinius p. f. aug. caput laureatum.
Soli Invicto comiti. Sol capite radiato stans & globum.
Imp. C. Val. Lic. licinius p. f. aug. caput laureatum.
Jovi conservatori. Jupiter stans e parte dexteriori Aquila sinisteriori captivus. in area III.

LICINIUS JUN.

tertii moduli.
Lic. inior jun. Nob. Cæf. caput laureatum.
Cæsarum nostrorum. vota V. in corona In area &c. V.
D. N. Val. Licin. Licinius Nob. C. caput laureatum.
Providentiæ cæf. castra Prætoria.

CONSTANTINUS M.

secundi moduli.
Constantinus Nob. cæf caput laureatum.
Virtus augg. & cæff. N. N. Imperatores Equos duos...

IMPERATORUM ROMANORUM.

hodies supplantum
terris modati.

Imp. Constantinus p. f. aug.   caput laureatum.
Soli Invicto comiti.   typus folis flantis in aede
XIIE.

Imp. Constantinus p. f. aug.   caput laureatum.
Soli Invicto comiti.   fol ut fupra Iemculis ad pedes.
humi tendens.

Imp. Constantinus p. f. aug.   caput laureatum.
Sol. ut fupra in area aftrum.

Imp. Constantinus aug.   caput laureatum.
Jovi conservatori.   Jupiter flans d. victoriolam
super globum s. hoftam, ad pedes aquilam, in imo SIS.

Constantinus aug.   caput laureatum.
Providentia augg.   caftra prætoria fuper quæ A-
drum.

Constantinus p. f. aug.   caput laureatum.
Marti conservatori.   Mars pileatus flans d. haftam
l. clypeum.

Imp. Constantinus p. f. aug.   caput laureatum.
Marti Conservatori.   Mars galeatus flans d. haftam s. clypeum in area aftrum.

Imp. Constantinus p. f. aug.   caput galeatum.
Victoria latæ Princ. per.   duæ victoriæ clypeum
sustinent in quo scriptum VOT. P. R. & cippo imponentes, subtus duo captivi.

Constantinus aug.   caput laureatum.
D. N. Constantini Max. aug.   VOT. XX. in corona.

Constantinus aug.   cap. laureatum.
Romæ Æternæ.   Roma sedens s. clypeum.
Constantinus p. f. aug.   caput laureatum.
Principi Juventutis.   Figura militaris ambabus
manibus tenet fignum militare.

Imp. Constantinus P. F. aug.   caput laureatum.
S. P. Q. R. Optimo Principi.   Tria figna militaria.

Constantinus aug.   caput galeatum.
Virtus Exercitus.   Duo captivi adfiguti vexillo in
quo inscriptum VOT. XX.

Constantinus p. f. aug.   caput laureatum.
Gloria Romanorum.   Imperator galeatus fedens
d. victoriolam s. haftam.

Constantinus Max. aug.   caput cum diademate e lapillis.
Gloria Exercitus.   Duæ figuræ militares baftila
& clypeos manibus amplectentes intermediis duobus
fignis militaribus.

D. N. Constantius p. f. aug.   caput e lapillis ornatum.
Gloria exercitus.   Typus idem cum fuperiori, fed
unicum tantum figuum militare.

Constantinus aug.   caput laureatum.
Vota XX. Mult. XXX. in corona.
quarti moduli.

D. N. Constantinus p. f. aug.   caput velatum.
Victoria in quadrigis.
Constantinus aug.   caput velatum.

Vna.

NUMISMATA ÆNEA

Una figura togata stans.
FLAVIA MAXIMIANA FAUSTA.
tertii moduli

Flav. Max. Fausta aug.	caput maximiani ad pe-ânus.
Spes Reipublicæ.	mulier stans utrù gestans duos puerulos.

FLAV. JUL. CRISPUS.
tertii moduli

Jul. Crispus nob. cæs.	caput crispi d. spiculum s. clypeum.
Virtus Exercitus.	labarum in quo VOT. X. ad cujus pedes duo captivi.
Jul. Crispus nob. c.	caput cum diademate.
Victoriæ lætæ princ. per.	Duæ victoriæ sustinentes clypeum super cippum in quo VOT. XX.
Crispus nob. cæs.	caput juvenicum.
Principi juventutis.	figura militaris stans d. clypeum s. hastam.
F. Jul. Crispus nob. cæs.	caput diadematum pectore tenus.
Providentiæ cæss.	castra prætoria super quæ sten globi.
Jul. Crispus nob. c.	caput laureatum.
Cæsarum nostrorum.	Vota X. in laurea.
Crispus nob. cæs.	caput laureatum.
Mars ultor.	mars gradiens d. hastam s. clypeum.
Crispus nob. cæs.	caput galeatum.
Beata tranquillitas.	cippus in quo VOTIS. XX. super cippum globus.

FL. CL. CONSTANTINUS JUN.
tertii moduli

Constantinus Jun. nob. c.	caput laureatum.
Gloria Exercitus.	duo milites densis hastis, sub aris clypeus & labarum.
Constantinus Jun. nob. c.	caput laureatum.
Gloria Exercitus.	Duo milites signo militari intermedio.
Constantinus jun. nob. c.	caput laureatum.
Cæsarum nostrorum.	VOT. X. in laurea.
Constantinus Jun. nob. c.	caput laureatum.
Cæsarum nostrorum.	VOT. V. in corona.
Constantinus Jun. nob. c.	caput laureatum.
Providentia cæss.	castra prætoria.

FL. JUL. CONSTANS.
tertii moduli

D. N. Constans p. f. aug.	caput Constantis cum diademate.
Fel. temp. reparatio.	figura militaris d. puerulum ex antro educit.
D. N. Constans p. f. aug.	caput cum diademate.
Fel. temp. reparatio.	Imperator armatus d. tabarum cum monogrammate d. clypeum a dextris dux sigura stantes.
D. N. Constans p. f. aug.	caput cum diademate.
Fel. temp. reparatio.	navis in cujus puppi remator. In prora Imperator d. tenet globum supra quem aquila s. labarum; figura alata navim gubernat.
Constans p. f. aug.	caput diademantum.

IMPERATORUM ROMANORUM. 85

Victoriæ D. D. augg. Q. N. N.		duæ victoriæ cum sertis.
Fl. Constans nob. cæf.		caput laureatum.
Gloria Exercitus.		Duo milites hastis, clypeis & signis militaribus.

MAGNENTIUS.
secundi moduli.

D. N. Magnentius p. f. aug.		caput cum diademate.
Gloria Romanorum.		Imperator eques hostem supplantans.
D. N. Magnentius P. F. aug.		caput cum diademate.
Victoria augg. Romanorum.		Imperator d. labarum cum monogrammate $\bar{X}$, sinistra ofert. Inter pedes hostem concalcat.

DECENTIUS.
secundi moduli.

D. N. Decentius forr. aug. in aere A.		caput Decentii nudum.
Victoria DD. N. N. augg. & cæf.		Duæ victoriæ sustinentes clypeum, in quo VOT. X. mult. X.

tertii moduli.

D. N. Decentius forr. aug.		caput nudum.
Victoriæ D. D. N. N. augg. & cæf, ut supra.		

VETRANIO.
primi moduli.

D. N. Vetranio p. f. aug.		caput Vetranionis diadematum.
Hoc signo Victor eris.		Imperator stans d. labarum, in quo monogramma Christi s. hastam a victoria coronatur.
D. N. Vetranio p. f. aug.		caput diadematum.
Virtus Exercitus.		Imperator paludatus stans d. labarum s. clypeo admotum.

FL. JUL. CONSTANTIUS.
secundi moduli.

D. N. Constantius P. F. aug.		caput diadematum.
Fel. Temp. Reparatio.		Miles s. spiculum d. hastam, equitem sternit.
D. N. Constantius P. F. aug.		caput cum diademate.
Concordia militum.		Miles stans cuius capiti imminet astrum d. & s. labarum.
D. N. Constantius P. F. aug.		caput diadematum.
Fel. Temp. Reparatio.		Imperator in navi d. globum cum phœnice s. labarum in quo Christi monogramma. A prora alata navim gubernat.
D. N. Constantius P. F. aug.		caput cum diademate.
Fel. Temp. Reparatio.		Eques militem armatum hasta confundit.
D. N. Constantius P. F. aug.		caput diadematum.
Hoc signo Victor eris.		Imperator d. tenens labarum cum monogrammate Christi coronatur a Victoria.
D. N. Constantius P. F. aug.		caput diadematum.
Gloria Romanorum.		Eques supplantans genuflexum s. super equitem stratum.
D. N. Constantius P. F. aug.		caput diadematum.

H Fel.

Fel. Temp. Reparatio.	Miles d. (cientum) t, clypeum, hostem ab equo delapsum confodit.
sortis moduli.	
Constantius P. F. aug.	caput diadematum d. globum.
Fel. Temp. Reparatio.	Miles ab antro exhibit puerum.
D. N. Constantius.	caput diadematum d. globum.
Fel. Temp. Reparatio.	Eques duos genuflexos supplantat.
Fl. Jul. Constantius Nob. C.	caput laureatum.
Concordia Milium.	Duæ figuræ manus jungentes supra quas victoriola.
Fl. Jul. Constantius Nob. C.	caput laureatum.
Providentiæ Cæss.	Castra Prætoria.
D. N. Constantius P. F. aug.	caput diadema. tum.
Fel. Temp. Reparatio.	Miles hostem ex equo delapsum confodit.
D. N. Constantius P. F. aug.	caput laureatum.
Fel. Temp. Reparatio.	Phœnix radiatus substructioni insistens.
Fl. Jul. Constantius Nob. Cæs.	caput laureatum.
Gloria Exercitus.	Duo Milites clypeos & hastas tenentes intermediis duobus signis militaribus.
Fl. Jul. Constantius Nob. Cæs.	caput radiatum.
Vota XX. Γ	in Corona.
D. N. Constantius P. F. aug.	caput diadematum.
Fel. Temp. Reparatio.	Phœnix radiatus globo insistens.
quarti moduli.	
D. N. Constantius P. F. aug.	caput diadematum.
Spes Reipub.	Figura virilis fians d. globum s. hastam.
D. N. Constantius P. F. aug.	caput cum diademate.
Victoriæ D. D. augg. N. N.	Duæ Victoriæ coronas tenentes, in medio earum en humo exurgit ramus.
Constantius P. F. aug.	caput diadematum.
Gloria Exercitus.	Duo milites tenentes hastas, in media signum militare.
JULIANUS.	
secundi moduli.	
D. N. Fl. Cl. Julianus P. F. aug.	caput diadematum.
Securitas Reipub.	Taurus cum duabus stellis, ante quem ciconia pedibus calcat coronam.
tertii moduli.	
D. N. Fl. Cl. Julianus P. F. aug.	caput diadematum.

IMPERATORUM ROMANORUM. 87

rum d. spiculum s. clypeum.
Vot. X. Mult. XX. In Corona.
D. N. Julianus Nob. Cæf. caput laurea-
tum.
Fel. Temp. Reparatio. Miles hostem ab equo de-
lapsum confodit.

JOVIANUS.
secundi moduli.
D. N. Jovianus P. F. p. p. aug. caput diademá-
tum.
Victoria Romanorum. Figura paludata stans
d labarum e in monogrammate Christi s. Victoriolam
super globum.
tertii moduli.
D. N. Jovianus P. F. aug. caput cum diademate.
Vot. V. Mult. X. In Corona laurea.

FL. VALENTINIANUS I.
secundi moduli.
D. N. Valentinianus P. F. aug. caput cum diademate.
Reparatio Reipub. Imperator paludatus d. figuram genuflexam sublevat s. globum, super quem Victoriola.
tertii moduli.
D. N. Valentinianus P. F. aug.
Concordia augg. Figura galeata sedens d. globum,
s. hastam in arcs s.
D. N. Valentinianus P. F. aug. caput cum diademate.
Concordia augg. Figura stans d. globum s. hastam
in quadrato.
D. N. Valentinianus P. F. aug. caput cum diademate.
Vot. V. Mult. X. in Corona.
D. N. Valentinianus P. F. aug. caput cum di-
demate.
Gloria Romanorum. Figura militaris d. captivum trahit s. labarum.
D. N. Valentinianus P. F. aug. caput cum diademate.
Securitas Reipublicæ. Victoria stans d. co-
ronam.
D. N. Valentinianus P. F. aug. caput galeatum.
Vot. X. Mult. XX. In Corona.
quarti moduli.
D. N. Valentinianus P. F. aug. caput cum diademate.
Victoria augg. Victoria stans d. lau-
ream.
D. N. Valentinianus P. F. aug. caput cum dia-
demate.
Victoria augg. Victoria sinistrorsum gradiens.

VALENS.
tertii moduli.
D. N. Valens P. F. aug. caput cum diade-
mate.
Securitas Reipublicæ. Victoria gradiens d.
H 2 coro-

88 NUMISMATA ÆNEA

coronam. In area * F. M.
D. N. Valens P. F. aug. caput cum diademate.
Gloria Romanorum. Figura militaris d. capitam
s. labarum.

FL. GRATIANUS.

secundi moduli.

D. N. Gratianus P. F. aug. caput cum diademate.
Reparatio Reipub. Imperator figuram succumbentem
d. sublevat, s. globum supra quem victoriola.

tertii moduli.

D. N. Gratianus P. F. aug. caput cum diademate.
Gloria Romanorum. Figura militaris d. tenet ca‑
ptivum s. labarum.
D. N. Gratianus P. F. aug. caput cum diademate.
Virtus exerciti. Imperator stans d. hastam s. cly‑
peum, coronatur a Victoria.

VALENTINIANUS II.

secundi moduli.

D. N. Valentinianus Jun. P. F. aug. caput cum dia‑
demate.
Reparatio Reipub. Imperator d. sublevat genuflec‑
tentem s. globum supra quem Victoriola.

THEODOSIUS.

secundi moduli.

D. N. Theodosius P. F. aug. caput diadematum.
Reparatio Reipub. Imp. ut supra.
D. N. Theodosius P. F. aug. caput galeatum.
Gloria Romanorum. Imperator ut supra.

tertii moduli.

D. N. Theodosius P. F. aug. caput cum diademate.
Gloria Romanorum. Armatus stans d. genuflec‑
tentem premit, s. labarum.
D. N. Theodosius P. F. aug. caput cum diademate.
Concordia augg. Figura sedens d. pomum s. ha‑
stam.

quarti moduli.

D. N. Theodosius P. F. aug. caput cum diademate.
Vot. X. Mult. XX. In Corona.
D. N. Theodosius P. F. aug. caput cum diademate.
Salus Reipub. & orbis. Figura stans s. alia genu‑
flexa. In area ₊

FLACILLA.

secundi moduli.

Ael. Flacilla aug. caput Flacillae.
Salus Reipublicae. Figura muliebris stolata stans
in fine CON.

ARCADIUS.

secundi moduli.

D. N. Arcadius P. F. augustus. caput cum diade‑
mate.
Virtus Exerciti. Imperator d. globum s. labarum,
calcat hostem.
D. N. Arcadius P. F. aug. caput cum diademate.
Gloria Romanorum. Imperator stans d. labarum
s. globum.

tertii moduli.

D. N. Arcadius P. F. aug. caput cum diademate.
Gloria Romanorum. Armatus stans d. premit ho‑
stem s. labarum tenet.
D. N. Arcadius P. F. aug. caput diadematum. $2‑

Salus Reipublicæ, trahens.	Victoria s. captivum capillis
D. N. Arcadius P. F. aug.	caput diadematum.
Vot. X.	In Corona.

HONORIUS

tertii medail.

D. N. Honorius P. F. aug.	caput cum diademate;
Vinus Exercitus.	Imperator stans d. hastam s. cly- peum, a Victoria stante coronatur.
D. N. Honorius P. F. aug.	caput cum diademate.
Gloria Romanorum.	In medio figura major, hinc & inde duæ minores.
D. N. Honorius P. F. aug.	caput cum diademate.
Gloria Romanorum.	In medio figura major, hinc inde duæ minores, sed. diversus.
D. N. Hon. in medio nami supra caput Honorii cum diademate.	
Gloria Romanorum.	ut supra.

quarti medail.

D. N. Honorius P. F. aug.	caput cum diademate.
Salus Reipublicæ.	Figura gradiens captivum cri- nibus trahens.

NUMISMATA ARGENTEA
IMPERATORUM ROMANORUM

JUL. CÆSAR.
  Cæsar.   Elephas.
    Instrumenta Pontificalia.
  Dict. Perpetuo Cæsar.   caput Julii velatum & lau-
                                   reatum.
  P. Servilius Macer.   Mulier stans dextra victoria-
                          tam sinistra hastam & clypeum.
M. LEPIDUS.
  M. Lepidus Pont. Max. III. R. P. C.
                                            caput Le-
      pidi.
  C. Cæsar Imp. III. Vir. R. P. C.   caput Au-
      gusti.
M. ANTONIUS.
  M. Antonius Imp.   caput M. Antonii nudum.
  III. R. P. C.   caput Solis in templo dysti-
      lo.
  M. Anton. aug. Imp. III. . . . .   caput Antonii
      nudum.
  Antonius aug. Imp. III.   in area naval.
  M. Ant. Imp. aug. III. R. P. C. M. Barbat. Q. P. ca-
      put M. Antonii.
  Cæs. Imp. Pont. III. R. P. C.   caput Cæsa-
      ris.
POMPEJUS.
  Mag. Pius Imp. Iter.   caput Pompeii Magni nudum,
      pone quod orceolus, ante lituus.
  Præf. Clas. & oræ marit. ex S. C.   s. Pompejus
      corona civica insignitus d. tenens apluftrum consisten-
      tem in prora Navis, cui hinc & inde adstant fratres
      pii Genitores humeris abducentes.
AUGUSTUS.
  Divi F.   caput augusti nudum.
  Imp. X.   Bos cornupeta in genua procum-
      bens.
  Augustus.   caput augusti laureatum.
  Cæs. august. F.   Imperator eques pone quem tria
      signa militaria.
  Cæsar Imp. VII.   caput augusti nudum.
  Asia Recepta.   Victoria basi insistens, cui adstant
      hinc & inde duo serpentes.
  S. P. Q. R. Cæsari augusto.   caput augusti nu-
      dum.
  Vot. P. Sus. pro Salute & red. ea Jo. M. Sacrum. Fi-
      gura galeata stans d. vexillum l. parazonium.
  Turpilianus III. Vir.   caput hederæ coronatum.
  Cæs. augustus Sign. Rece.   Parthus dextro genuflexo
      signum militare augusto restituit.
  Caput augusti nudum.
  Imp. Cæsar.   Templum pulcherrimum statuis
      ornatum.
  Caput augusti nudum.
  Imp. Cæsar. Divi F.   Clypeus ornatus.
  Augustus Divi F.   caput augusti nudum.
                                                    Imp.

IMPERATORUM ROMANORUM. 91

Imp. X.	Bos in genua procumbens.
Augustus Divi F.	caput augusti nudum.
Imp. X.	Figura stans s. lyram.
Augustus Divi F.	caput augusti laureatum.
Augustus.	Eques currens, pone quem mis signa militaria.
Caput Muliebre ornatum.	
Imp. Caesar.	Rusticus arans jugum boum.
Caesari augusto.	caput augusti nudum
S. P. Q. R. CL. V.	in Clypeo.
Caesar augustus.	caput augusti nudum.
Ob Cives Servatos.	Corona Civica.
Caesari augusto.	caput augusti laureatum.
S. P. Q. R.	Templum rotundum.
Caput augusti nudum.	
Imp. Caesar.	In Arcu supra quem quatuor Signa intermedia.
Augustus Divi F.	caput augusti nudum.
Imp. XI.	Hirtus in pristem debacans tenens clypeum.
Imp. Caesar. Divi F. III. Vir. iter. R. P. C.	caput Caesaris nudum.
Cos. iter. & iter. design.	Templum, in quo DIVO IVL.
L. Aquillius Florus III. Vir.	caput Aquilii radiatum.
Caesar augustus.	Currus triumphalis a quatuor equis tractus.
Caput augusti nudum.	
Augustus.	Ara.
Caput augusti nudum.	
Augustus.	Capricornus cum cornucopiae, sub pedibus thema & Orbis.

TIBERIUS.

Ti. Caesar. Divi aug. F. augustus.	caput Tiberii laureatum.
Pontif. Maximo.	Mulier sedens d. hasta sinistra ramum Oleae.
Tiberius Caesar augustus.	Caput Tiberii laureatum.
Caesares augusti F. Cos. Designati.	Duo figurae togatae se invicem respicientes dextra singulis clypeum adnotae, super quos instrumenta Pontificalia.

ANTONIA.

Antonia augusta.	caput Antoniae.
Pietas aug.	Mulier stans d. hostiam s. patrulum.

CALIGULA.

C. Caesar aug. Germ. P. M. Tr. Pot. III. Cos. III.	caput Caligulae laureatum.
S. P. Q. R. OB. C. S.	In Corona quercea.
C. Caesar aug. Germ. P. M. Tr. Pot. . . .	caput Caligulae nudum.
Caput Germanici radiatum, pone quod stella.	

CLAUDIUS.

Ti. Claudius Caesar aug. . . .	caput Claudii laureatum.
Paci augustae.	Figura muliebris sinistra Arcu d. caduceum, ante quam serpens.

NE-

NUMISMATA ARGENTEA

NERO.
Nero Cæsar augustus. caput Neronis laureatum.
Vesta. Templum exædificium, in cuius aditu figura
Nero Cæsar augustus. caput Neronis laureatum.
Jupiter Custos. Jupiter sedens d. fulmen s. hastam.
Nero Cæsar augustus. caput Neronis laureatum.
Roma. Roma armata insidens d. palladium.
Nero Cæsar aug. Imp. Pontif. Max. Tr. P. VII.
Cos. IIII. P. P. ex S. C. in Corona laurea.

GALBA.
Galba Imp. caput Galbæ laureatum.
Roma renascens. Figura galeata stans d. victoriolam.
Imp. Ser. Galba Cæsar aug. caput Galbæ laureatum.
Diva augusta. Figura stans d. pateram s. hastam.
Ser. Galba aug. caput Galbæ laureatum.
Imp. Galba paludatus in Equo.
Imp. Ser. Galba aug. caput Galbæ nudum.
S. P. Q. R. OB. C. S. in Corona quercea.

OTHO.
Imp. M. Otho Cæsar aug. Tr. P. caput Othonis nudum.
Securitas P. R. Mulier stans d. lauream s. baculum.
Imp. M. Otho Cæsar aug. Tr. P. caput Othonis nudum.
Pont. Max. Mulier stolata stans d. spicas s. cornucopiæ.

VITELLIUS.
Vitellius Germ. Imp. aug. Tr. P. caput Vitellii laureatum.
XV. Vir. Sacr. fac. Tripos in cacumine desinente, cui superstat Delphin, subtus Aquila.
Vitellius aug. Imp. German. caput Vitellii laureatum.
Concordia P. R. Mulier sedens d. ramum.

VESPASIANUS.
Imp. Cæs. Vesp. aug. P. M. Cos. IIII. caput Vespasiani laureatum.
Augur. Tri. Pot. Instrumenta Pontificalia.
Imp. Cæsar Vespasianus aug. caput Vespasiani laureatum.
Pon. Max. Tr. P. Cos. vi. Figura sedens d. ramum oleæ.
Divus augustus Vespasianus aug. caput Vespasiani
Duo Hasti parte postica se se coeuntes, duplicem clypeum inferius & superius sustinentes in gyro S. C.
Cæsar Vespasianus aug. caput Vespasiani laureatum.
Annona aug. Typus Annonæ sedentis.
Imp. Cæsar Vespasianus aug. caput Vespasiani laureatum.
Concord. Tr. P. Cos. vi. concordia sedens.
Imp. Cæsar Vespasianus aug. caput Vespasiani laureatum.
Cos. Iter. Tr. P. s. traducens. Figura sedens. d. ramum oleæ.

Imp.

IMPERATORUM ROMANORUM.

Imp. Cæf. Vefp. aug. P. M. Cof. . . . . caput Vef-
paſiani laureatum.
Tri. Pot.   Mulier velata fedens d. fcrpulum.
Imp. Cæf. Vefpaſianus aug.   caput Vefpaſiani lau-
reatum.
Pob. Max. Tr. P. Cos. . . . .   Mulier fedens.
Imp. Cæf. Vefpaſianus aug.   caput Vefpaſiani lau-
reatum.
C. X.   Vas in cujus medio S. C. inter duas arbo-
res.
Imp. Cæſar Vefpaſianus.   caput Vefpaſiani laurea-
tum.
Cor. V.   In medio duarum arborum.
Imp. Cæſar Vefp. Bangus aug. Cos. III. Tr. P. p.p.   ca-
put Vefpaſiani laureatum.
aug. III.   In corona.
Imp. Cæſar Vefpaſianus aug.   caput Vefpaſiani lau-
reatum.
Cos. VII.   Aquila baſi inſiſtens pro pedibus fol-
men.
Imp. Cæf. Vefpaſianus aug.   caput Vefpaſiani lau-
reatum.
Cof. Iter. Tr. Pot.   Mulier ſtans d. rotam s. ca-
duceum.
Divus aug. Vefpaſianus.   caput Vefpaſiani laurea-
tum.
Duo Capricorni cornua feutum, in quo S. C.
Divus auguſtus Vefpaſianus.   caput Vefpaſiani lau-
reatum.
Quadriga triumphales.
Imp. Cæſar Vefpaſianus aug.   caput Vefpaſiani lau-
reatum.
Judæa.   Figura fedens fugens a d. trophæum.
Imp. Cæf. Vefpaſianus aug.   caput Vefpaſiani lau-
reatum.
Pontif. Maxim.   Figura in ſella curuli d. haſtam.
s. tonum.

TITUS.

T. Cæf. Vefpaſiani F. aug.   caput Titi laureatum.
Cos. II. Tr. P.   Mulier ſtans.
Ti. Cæf. Imp. Vefp. F. P. M. Tr. P.   caput Titi
laureatum.
Palma arbor, cui hinc adſtat Imp. jufto pede globo innixo
d. haſta admota, inde figura jacens capite dextro
cubito innixo. Judæa repræfentat.
Ti. Imp. Cæf. Vefp. Aug. F. . . . .   Caput Titi
laureatum.
Princeps Juventutis.   Duæ dextræ junctæ caduceum
ſpicas & flores papaveris ampleçtentes.
. . . . . us. auguſtus Vefp.   Caput Titi nudum.
Duo Hirci poſterioribus cohærentes.   globus in con-
junctione ipſorum.
Imp. Titus Cæſ. Vefpaſianus.   caput Titi laureatum.
Tr. P. VIII. Imp. XIIII. Coſ. VII. P. P   currus
a quatuor equis tractus.
Imp. Titus Cæf. Vefpaſian. aug. P. M.   Caput Titi
laureatum.
Tr.

NUMISMATA ARGENTEA

Tr. P. II. Imp. XII. Cof. VIII. p. p. quam fulmen. — Menfa, fupra
Imp. Titus Cæf. Vefpafian. aug. P. M. laureatum. — caput Titi
Tr. P. IX. Imp. XV. Cof. VI. p. p. — Delphin themoni involutus.
Imp. Titus Cæf. Vefpafian. aug. P. M. laureatum. — caput Titi
Tr. P. Imp. XV. Cof. VIII. p. p. — Sella curulis ornata corona.

DOMITIANUS.
Imp. Cæf. Domit. Vefp. F. aug. — caput Domitiani laureatum.
Tr. P. . . . . — Coronam fuper menfam repofita.
Imp. Cæf. Domit. aug. Imp. laureatum. — caput Domitiani
Tr. P. X. Cof. II. P.P.P. — Pallas gradiens.
Cæfar Divi F. Domitian. Cof. VII. — caput Domitiani laureatum.
Princeps Juventutis. — Pallas ftans s. clypeum d. cristæ spicatum.
Domit. aug. Germ. P. M. Tr. p. II. — caput Domitiani laureatum.
. . . . Cof. XV Cenf. p. p. — Pallas ut fuperior.
Imp. Cæf. Domit. aug. Germ. P. M. Tr. p. XII. — caput Domitiani laureatum.
Imp. . . . . vr Cenf. Per. — Pallas ut fupra.
Cæfar Divi F. Domitianus aug. laureatum. — caput Domitiani
Princeps Juvent. — Ara ornata.
Cæfar auguftus Divi F. Domitianus. — caput Domitiani laureatum.
Cof. V. Lupa cum puerulis.
Cæfar Divi F. Domitianus Cof. VII. — caput Domitiani laureatum.
Princeps Juventutis. — Cerva in corona.
Cæf. aug. Germ. . . . . — caput Domitiani laureatum.
Cof. IV — Pegafus allatus.
Imp. Cæf. Domit. aug. Germ. P. M. Tr. P. V. — caput Domitiani laureatum.
Imp. . . . Cof. X. Cenf. p. p. p. — Pallas ftans. d. haftam.

NERVA.
Imp. Nerva Cæf. aug. P. M. Tr. Pot. — caput Nervæ laureatum.
Cof. III. Pater Patriæ. — Inftrumenta Pontificalia.
Imp. Nerva Cæf. aug. P. M. T. P. Cof. III. p. p. — caput Nervæ laureatum.
Concordia Exercituum. — Duæ manus junctæ figno militari intermedio.
Imp. Nerva Cæf aug. P. M. Tr. P. Cof. II. pp. — caput Nervæ laureatum.
Æquitas auguft. — Mulier ftans d. bilancem s. cornucopiæ.

TRAJANUS.
Imp. Cæf. Nerva Trajan. Aug. Germ. — Caput Trajani laureatum. P. M.

IMPERATORUM ROMANORUM. 55

P. M. Tr. P. Coſ. II. p. p.	Mulier ſtans d. ra-
mum ε. cornucopiæ	
Imp. Ner. Traiano Optimo Aug.	caput Traia-
ni laureatum.	
Imp. paludatus ſtans d. haſtu innixus a. ſcipionem.	
Imp. Cæſ. Nerva Traian. aug. Germ.	caput lau-
reatum.	
P. M. Tr. P. Coſ. IIII p.p.	Victoria dextror-
ſum gradiens.	
Imp. Cæſ. Ner. Traiano Optimo aug. Ger. Dac.	ca-
put laureatum.	
P. M. Tr. P. Coſ. VI. p.p. S. P. Q. R.	Fort. Red.
Imp. Cæſ. Ner. Traiano Optimo aug. Ger. Dac.	ca-
put laureatum.	
P. M. Tr. P. Coſ. vi p.p. S. P. Q. R.	Mars gra-
diens d. ſpiculum ſævo humero trophæum geſtans.	
Imp. Traiano aug. Ger. Dac. P. M. Tr. P.	caput
laureatum.	
Coſ. V. p p. S. P. Q. R. Optimo . Princ.	Victoria
clypeo inſiſtens .	
Imp. Cæſ. Ner. Traiano Optimo aug. Ger. Dac.	ca-
put laureatum .	
P. M. Tr. P. Coſ. VI. p.p. S. P. Q. R.	Mulier
ſtolata ſtans d. caduceum . s. cornucopiæ	
Imp. Traiano aug. Ger. Dac. P. M. Tr. p.	ca-
put laureatum .	
Coſ. vi. p. p. S. P. Q. R. Optimo princ.	Figu-
ra ſedens d. bilancem s. cornucopia .	
Imp. Traiano aug. Ger. Dac. p. M. Tr. p.	caput
laureatum.	
Coſ. v. p.p S. P. Q. R. Optimo Princ.	Eadem
quæ ſupra ſed ſtans.	
Imp. Traiano aug. Ger. Dac. p. M. Tr. p.	caput
laureatum.	
Coſ. v p.p. S. P. Q. R. Optimo princ.	Mulier
ſtolata ſtans d. frumentum .	
Imp. Traiano aug. Ger. Dac. p. M. Tr. p.	caput
laureatum.	
Coſ. vii S. P. Q. R. Optimo principi .	Dea
Moneta.	
Imp. Cæſ. Ner. Traiano Optimo aug. Ger. Dac.	ca-
put laureatum .	
P. M. Tr. p. Coſ. vi p.p. S. P. Q. R.	Mulier
ſtolata ſtans s. cornucopiæ .	
Imp. Cæſ. Nerva Traian. aug. Germ.	caput lau-
reatum.	
P. M. Tr. p. Coſ. v. p.p.	Figura ſedens d. pa-
teram s. cornucopiæ .	
Imp. Traiano aug. Ger. Dac. p. M. Tr. p. Coſ. vi p. p.	
caput laureatum.	
S. P. Q. R. Optimo Principi	Imperator Eques .
Imp. Traiano aug. Ger. Dac. p. M. Tr. p.	caput
laureatum .	
Coſ. v. p.p. S. P. Q. R. Optimo Princ.	Imp. pa-
ludatus ſtans capite galeato d. Victoriolam s. tro-	
phæum .	
Imp. Cæſ. Nerva Traian. aug. Ger.	Caput laure-
atum .	
P. M. Tr. p. Coſ. IIII p.p.	Hercules bos inſi-
ſtens .	
	Imp.

NUMISMATA ARGENTEA

Imp. Ner. Traian. aug. Ger. Dac. p. M. Tr. p. — ca-
put laureatum.
Cof. v p. p. S. P. Q. R. Optimo prin. — Mulier
Aelara ftans columnæ inuixa.
Imp. Cæf. Nerva Traian. aug. Germ. — caput lau-
reatum.
Pont. Max. Tr. pot. Cof. II p. p. — Mulier fedens
d. patream s. cornucopiæ.
Imp. Traiano aug Ger. Dac. p. M. Tr. p. Cof. vi p. p.
Caput laureatum.
S. P. Q. R. Optimo principi — Via Traiana. Mu-
lier humi decumbens pro pedibus rota.
Imp. Traiano aug. Ger. Dac. p. M. Tr. p. Cof. vi. p. p.
caput laureatum.
S. P. Q. R Optimo principi. — Columna Tra-
iana.
Imp. Traiano aug. Ger. Dac. p. M. Tr. p. Cof. vi p. p.
Caput laureatum.
S. P. Q. R. Optimo principi. — Tria figna mi-
litaria.
Imp. Traiano aug. Ger. Dac. Cof. ... p. p. — caput
laureatum.
Cof. v. p. p. S. P. Q. R. Optimo principi — Mulier
ftans d. ramum s. pergamenum pro red. avis.
Imp. Traiano aug. Ger. Dac. — p. p. — caput lau-
reatum.
P. M. Tr. p. Cof. vi p. p. S. P. Q. R. Providen. — Mu-
lier ftans d. eramepium s. haftam pro pedibus glo-
bus.
Imp. Traiano aug. Ger. Dac p. M. Tr. p. — caput
laureatum.
Cof. v. p. p. S. P. Q. R. Optimo principi AET. AVG.
Mulier ftans ambabus manibus Victoriolas.
Imp. Traiano aug. Ger. Dac p. M. Tr. p. ... — ca-
put laureatum.
Cof. v. p. p. S. P. Q. R. Optimo principi — Tro-
phæum.
Imp. Cæf. Nerva Traian. Germ. — caput laurea-
tum.
P. M. Tr. p. Cof. IIII p. p. — Mulier fedens, d.
fceptrum.
Imp. Cæf. Nerva Traian. aug. Germ. — caput lau-
reatum.
Pont. Max. Tr. p Cof. vi — Mulier fedens d. pa-
teram s. cornucopia.
Imp. Traiano aug. Ger. Dac. p. M. Tr. p. — caput
laureatum.
Danuvius Cof. v p. p. S. P. Q. R. Optimo principi —
Figura fenio humi decumbens d. ibenamum, s. Vas
effundens.
Imp. Traiano aug. Ger. Dac. p. M. Tr. p. Cof. vi p. p.
caput laureatum.
S. P. Q. R. Optimo principi — Mulier tunicata
ftans d. caduceum. s. cornucopiæ.
Imp. Traiano. — caput laureatum.
ΔΗΜ. ΕΞ. ΤΠΑΤ. Β. — Duæ ityæ a litteris im
Creta
HADRIANUS
3 Imp. Cæf. Traian. Hadrianus aug. — caput lau-
reatum.
F. M.

IMPERATORUM ROMANORUM. 97

P. M. Tr. p. Cof. iii. Lib. pub.   Mulier fe-
dens d. frondem s. haftam.
Hadrianus aug. Cof. iii p.p.   caput nudum.
Moneta augufti   Typus Monetæ.
Hadrianus aug. Cof. iii p.p.   caput nudum.
Fides publica   Mulier ftolata ftans d. fpicas s. canistrum frugum.
Imp. Cæl. Trajan. Hadrianus aug.   caput laureatum.
P. M. Tr. p. Cof. iii Sal. aug.   Salus fedens.
Hadrianus aug. p.p.   caput laureatum.
Cof. iii.   Imp. ftans d. haftæ inverfæ innixus, clypeo jacenti admotus.
Hadrianus auguftus.   caput laureatum.
Cof. iii.   Mulier fedens s. cornucopiæ d. ferpentem, pro pedibus congium cum fpicis ac papavere floribus adfurgentibus.
Hadrianus auguftus.   caput laureatum.
Cof. iii.   Figura ftans d. pateram s. cornucopiæ, pro pedibus Ara.
Hadrianus aug. Cof. iii. p. p.   caput laureatum.
Fortunæ Reduci.   Typus Fortunæ fedentis.
Hadrianus auguftus.   caput laureatum.
Cof. iii.   crefcens Lunæ cum feptem ftellis.
Imp. Cæl. Trajan. Hadrianus aug.   caput laureatum.
P. M. Tr. P. v. Cof. iii.   Victoria dextrorfum gradiens trophæum gerens.
Hadrianus auguftus.   caput laureatum.
Cof. iii.   Imp. ftans d. palladium s. haftam inverfam.
Hadrianus auguftus.   caput laureatum.
Cof. iii.   Mulier velata ftans d. velo faciem tegit.
Imp. Cæl. Trajan. Hadrian. aug.   caput laureatum.
P. M. Tr. P. Cof. iii.   Mulier fedens d. pateram, pro pedibus Ara.
Hadrianus aug. Cof. iii. p. p.   caput nudum.
Alexandria.   Mulier tunicata ftans, d. fiftrum s. fitulam.
Hadrianus aug.   caput laureatum.
Salus aug.   Salus ftans ante aram, è qua ferpens.
Hadrianus aug. Cof. iii.   caput nudum.
Fortuna aug.   Typus Fortunæ ftantis.
Hadrianus aug. Cof. iii. p. p.   caput laureatum.
Ægyptos.   Mulier humi decumbens d. fiftrum s. calatho fpicis plena innixa, pro ped. Ibis.
Hadrianus aug. Cof. iii. p. p.   caput laureatum.
Reftitutori Galliæ.   Imp. figuram procumbentem fublevat.
Hadrianus aug. Cof. iii. p. p.   caput nudum.
Pietas aug.   Mulier ftans ante aram manibus apertis.
Hadrianus aug. Cof. iii. p. p.   caput laureatum.
Felicitati augufti.   Trireme cum remigantibus.
Hadrianus auguftus.   caput laureatum.   Cof.

98 NUMISMATA ARGENTEA

Cof. iii. Luna cum Aſtro.
SABINA.
Sabina augusta, caput Sabinæ.
Concordia aug- Mulier ſedens d. pateram s.
hastam.
Sabina augusta, caput Sabinæ.
Veneri Genitrici. Venus ſtans s. . . . d. po-
mum.
L. ÆLIUS CÆSAR.
L. Ælius Cæſar, caput nudum.
Concord. Trib. Pot. Cof. ii. Mulier ſedens d.
pateram.
L. Ælius Cæſar, caput nudum.
Tr. Pot. Cof. ii. Mulier ſtans ad pedes Ara
igniτa.
L. Ælius Cæſar, caput nudum.
Pietas. Trib. Pot. Cof. ii. Figura velata ſtans
ſacrificans eviam Aram d. protenſa s. pateram.
ANTONINUS PIUS.
Imp. Antoninus Pius p. p. Tr. P. xiii. caput
laureatum.
Templum Divi aug. reſt. Cof. iiii. Templum
octo columnarum, in cujus medio duæ Figuræ ſtan-
tes.
Antoninus aug. Pius p. p caput nudum.
Tr. Pot. Cof. iii. Fortuna ſtans.
Antoninus aug. Pius p. p. Tr. P. vij. caput laurea-
tum.
Cof. . . . Mulier ſtans d. pateram pro pedibus
Ara.
Imp. L. Æl. Cæſ. M. Aurel. Antoninus P. caput
laureatum.
Aug. Pius P. M. Tr. P. Cof. Deſign. Mulier
ſtans s. ſcorpionem.
Antoninus aug. Pius p. p. Tr. P. xvi. caput lau-
reatum.
Cof. iiii. Tyma Felicitatis ſtantis.
Antoninus aug. Pius p. p. Tr. P. caput laurea-
tum.
Cof. iiii. Mulier ſtans d. ſpicas s. congium pro
pedibus prora navis.
Antoninus aug. Pius p. p. Tr. P. xvi. caput nu-
dum.
Cof. iiii. Mulier velata ſtans s. bacylum d. ſim-
pulum.
Antoninus aug. Pius p. p. . . . caput lau-
reatum.
Tr. Pot. xviii. Cof. iii. Mulier ſtans d. ſpicas
s. congium ſub quo prora navis.
Antoninus aug. Pius . p. caput laureatum.
Tr. Pot. Cof. iiii. Lib. iiii. Mulier ſtans d. teſ-
ſeram s. cornucopia.
Divus Antoninus. caput nudum.
Divo Pio. Ara.
Antoninus aug. Pius p. p. Tr. P. xiii. caput
laureatum.
Cof. iiii. Vir nudus ſtans d. pateram. s. . .
Antoninus aug. Pius p. p. Tr. P. xii. caput
laureatum.
Cof. iiii. Mulier ſtans d. bilancem s. cornucopia.
An-

IMPERATORUM ROMANORUM. 99

Antoninus aug. Pius p. p. Tr. P. Cos. III.   caput laureatum.
Imperator II.   Victoria alata stans.
Imp. T. Æl. Cæs. Antoninus.   caput nudum.
Trib. Pot. Cos.   Mulier stans d. virgam s. scorpionem.
Imp. T. Æl. Cæs. Hadri. Antoninus.   caput nudum.
Aug. Pius P. M. Tr. P. Cos. Desgn.   Mulier stans d. caduceum s. cornucopiæ.
Antoninus aug. Pius p. p. Tr. P. xxiii.   caput laureatum.
Pael aug. Cos. IIII.   Mulier stans d. ramum s. hastam.
Divus Antoninus.   caput nudum.
Consecratio.   Rogus.

FAUSTINA SEN.
Diva Faustina.   caput Faustinæ.
Æternitas.   Mulier stans velo capiti circumvolato d. globum.
Diva Faustina.   caput Faustinæ.
Augusta.   Mulier stolata stans d. baculo innixa s. focas.
Diva Faustina.   caput Faustinæ.
Ceres.   Mulier stans d. spicas s. arundinem.
Diva Faustina Pia.   Caput Faustinæ.
Consecratio.   Lectisternium cum sceptro, & Pavone.
Diva Faustina.   caput Faustinæ.
Consecratio.   Pavo.
Diva Faustina.   caput Faustinæ.
Hudes Divæ Faustinæ.   Templum pulcherrimum.
Diva Faustina.   caput Faustinæ.
Augusta.   Mulier stans d. pateram sacrificans ante aram.
Diva Faustina.   caput Faustinæ.
Augusta.   Mulier stans d. simpulum s. palladium.
Diva Faustina aug.   caput Faustinæ.
Consecratio.   Ara.

M. AURELIUS ANTONINUS.
Divus M. Antoninus Pius.   caput M. Antonini nudum.
Consecratio.   Aquila alis expansis orbi terræ insistens.
M. Antoninus Pius aug. Tr. P. xxv.   caput Aurelii nudum.
Cos. III.   Jupiter sedens d. fulmen s. hastam.
M. Antoninus aug. Armeniac.   caput laureatum.
Pax Aug. Tr. P. xx. Cos. III.   Mulier stans s. cornucopiæ.
Aurelius Cæsar.   caput nudum.
Tr. P. xiii. Cos. II.   Mulier stans s. hastam ibi nixa.
Aurelius Cæsar aug. Pii F. Cos.   caput nudum.
Tr. P. II. Cos. II.   Figura galeata stans d. hastam innixa s. clypeo jacenti admota.

I   Au-

100 NUMISMATA ARGENTEA

Aurelius Cæsar aug. Pii F.   caput nudum.
  Tr. Pot. vi. Cos. ii.   Imperator stans d. pateram
  pro pedibus Ara s. baculo innixa in globum desinente
  cui insistit Aquila.
Imp. M. Aurel. Antoninus aug.   caput nudum.
  Prov. Deor. Tr. P. xv. Cos. iii.   Mulier stolata
  stans d. globum s. cornucopiæ.
Antoninus aug. Armeniacus.   caput laurea-
  tum.
  P. M. Tr. P. vsii. Ima. 13. Cos. iii.   Imp. pa-
  ludatus stans d. hastæ inversæ innixa s. clypeo jacen-
  ti adinota.
Imp. M. Aurel. Germ. aug.   caput laureatum.
  De Sarm. Tr. P. xxxi. Imp. viii. Cos. iii. p. p.   con-
  geries armorum.
Imp. M. Antoninus aug.   caput nudum.
  Concord. aug. Tr. P. xver. Cos. iii.   Mulier se-
  dens d. pateram.
M. Antoninus aug. Armeniac.   caput laureatum.
  Fort. Red. Tr. P. xxii. Imp. v. Cos. iii.   Fortu-
  na sedens.
M. Antoninus aug. Armeniac. Pont. Max.   caput
  laureatum.
  Tr. P. xv Imp. iiii. Cos. iii.   Victoria stans d.
  palmam s. scyzeum in quo VIC. PART.
M. Antoninus aug. Tr. P. xxv.   caput laurea-
  tum.
  Primi Decennales.   in Laurea.
M. Antoninus aug. Arm. Parth. Max.   caput lau-
  reatum.
  Pax. Tr. P. xx. Imp. iii. Cos. iii.   Mulier stans
  d. ramum s. cornucopiæ.
Imp. M. Aurel. Antoninus aug.   caput lau-
  reatum.
  Provid. Deor. Tr. P. xviii. Cos. III.   Mulier stans
  d. globum s. cornucopiæ.
FAUSTINA JUN.
Faustina augusta.   caput Faustinæ.
  Facund. augustæ.   Mulier cum quatuor pue-
  rulis.
Faustina aug. Pii aug. Fil.   caput Faustinæ.
  Pudicitia.   Mulier velata d. frondem.
Faustina augusta.   caput Faustinæ.
  Junoni Reginæ.   Juno stans.
Faustina augusta.   caput Faustinæ.
  Venus Felix.   Mulier sedens d. iconunculam s.
  hastam.
Faustina augusta.   caput Faustinæ.
  Sæculi felicit.   Lectisternium cum duobus pue-
  rulis.
L. VERUS.
L. Verus aug. Armeniacus.   caput nudum.
  Tr. P. iiii. Imp. ii. Cos. ii.   Imp. paludatus
  stans d. hastæ inversæ innixa s. clypeo jacenti ad-
  mota.
L. Verus aug. Armen. Parth. Max.   caput laurea-
  tum.
  Tr. P. viii. Imp. iiii. Cos. iii.   Mulier stolata
  stans de bilancem s. cornucopiæ.
Divus Verus.   caput nudum.
                                                Con-

IMPERATORUM ROMANORUM. 101

Confecratio. Rogus.
LUCILLA.
Lucillæ aug. Antonini aug. caput Lucillæ.
Venus. Venus ftans d. pomum s. haftam.
Lucillæ aug. Antonini aug. F. caput Lucillæ.
Vota Publica. Corona.
Lucillæ aug. Antonini aug. F. caput Lucillæ.
Vefta. Mulier facrificans eoram Ara d. fimpulum s. palladium.
Lucillæ aug. Antonini aug. F. caput Lucillæ.
Concordia. Mulier fedens d. patetam.
COMMODUS.
M. Comm. Ant. P. F. aug. Brit. caput commodi laureatum.
Vot. Sol. Dec. P. M. Tr. P. xii. Imp. viii. Cof. vii. Imperator Sacrificans super tripodem.
L. Æl. Aurel. Comm. aug. P. Fel. caput Comm. laureatum.
Sal. Gen. Hum. Salus s. baculum cui ferpens involutus d. fublevat genuflexum.
M. Commodus Antoninus aug. caput laureatum.
Tr. p. vr. Imp. iv. . . . . p. p. Trophæum ad cujus pedes duo captivi.
L. Æl. Aurel. Comm. aug. p. Fel. caput Commodi pelle leonina.
Herculi Romano aug. Clava in laurea.
M. Commodus Antoninus aug. caput Commodi laureatum.
P. M. Tr. p. viii. Imp. vi. Cof. iiii. P. R. Modius in quo fpicæ & papaver.
Imp. C. L. Aurel. Commodus aug. p. Fel. caput laureatum.
Vot. Solu. Pro. Sal. p. p. Figura velata facrificans.
CRISPINA.
Crifpina augufta. caput Crifpinæ.
Hilaritas. Mulier ftans d. fecundam s. cornucopiæ.
Crifpina aug. caput Crifpinæ.
Dis Genitalibus. Ara.
Crifpina aug. caput Crifpinæ.
Concordia. Duæ manus junctæ.
PESCENNIUS.
Imp. Cæf. C. pefc. Niger Cof. ii caput Pefcennii laureatum.
Bonæ Spei. Figura muliebris ftans d. florem s. vestem fublevat.
ALBINUS.
Imp. D. Clod. Sept. Albin. Cæf. Caput Albini nudum.
Cof. ii Æfculapius.
D. Clod. Sept. Albin. aug. caput nudum.
Minei. Pacif. Cof. ii. Mulier galeata ftans s. haftam & clypeum.
SEPT. SEVERUS.
Severus Pius aug. caput Seveci laureatum.
Indulgentia augg. in Carth. Aftarte fecus invecta.
Severus Pius aug. caput laureatum.

NUMISMATA ARGENTEA

Liberalitas augg. v s. cornucopiæ.	Mulier stans d. tesseram
L. Sept. Sev. Pert. aug. Imp. v.	caput laureatum
Marti Pacifero.	Mars nudus galeatus stans deorso pede galeæ impositæ d. aleam s. hastam.
Severus Pius aug.	caput laureatum.
Pont. Maxim. Tr. P. VIII Trophæum.	Duo Captivi ad.
L. Sept. Sev. Pert. aug. Imp.	caput laurea- tum.
Tr. P. III Cof. II	Mars gradiens.
Severus Pius aug.	caput laureatum.
P. M. Tr. P. XVI. Cof. III p.p. dos....	Hercules au-
Severus aug. Parth. Max.	caput laureatum.
Virtus augg.	Imp. paludatus stans d. palladium s. clypeo jacenti admota hastam amplectens.
Imp. Cæf. Sep. Sev. Pon. Max. Cof. II	caput laureatum.
Victoria aug.	Victoria gradiens.
Severus augg. Pert. Max.	caput laureatum.
P. M. Tr. P. VIII Cof. II p.p.	Victoria gra- diens antequam clypeus super bafim.
Sep. Sev. Pert. aug. Lup. a	caput laureatum.
Saluti aug.	Typus Solaris sedentis.
Imp. Severus....	caput laureatum.
S. P. Q. R. Optimo Principi. ftris.	Figura Eque-
Imp. Cæf. Sept. Sev. Per. aug.	caput laurea- tum.
Vict. aug. Cof. II p.p.	Victoria gradiens.
Severus Pius aug.	caput laureatum.
Fundator Pacis.	Figura velata stans d. fron- dem.
L. Sept. Sev. Pert. augustus.	caput laurea- tum.
P. M. Tr. P. II Cof. II p.p.	Pallas stans d. hastam s. clypeum.
Imp. Cæf. L. Sept. Sev. Pert. aug. Cof. II	ca- put laureatum.
Invicto Imp.	Trophæum.
Sep. Sev. Pert. aug. Imp.	caput laureatum.
Fortunæ Reduci.	Fortuna fedens.
Severus Pius aug.	caput laureatum.
Vict. Parth. Max.	Victoria gradiens d. coro- nam.
Severus Pius aug.	caput laureatum.
P. M. Tr. P. XVII. Cof. III. p. p. stans pro ped. scabellum.	Jupiter nudus
Severus aug. Pert. Max.	caput laureatum.
Restitutor Urbis.	Imperator paludatus stans d. po- terem s. haste inversa innixa.
Severus Pius aug.	caput laureatum.
P. M. Tr. P. XVIII. Cof. III. p. p. sedens.	Mulier
L. Sept. Sev. Pert....;	caput laureatum.
Vota Publica. Aram igaitam.	Figura velata sacrificans ante

L. Sept.

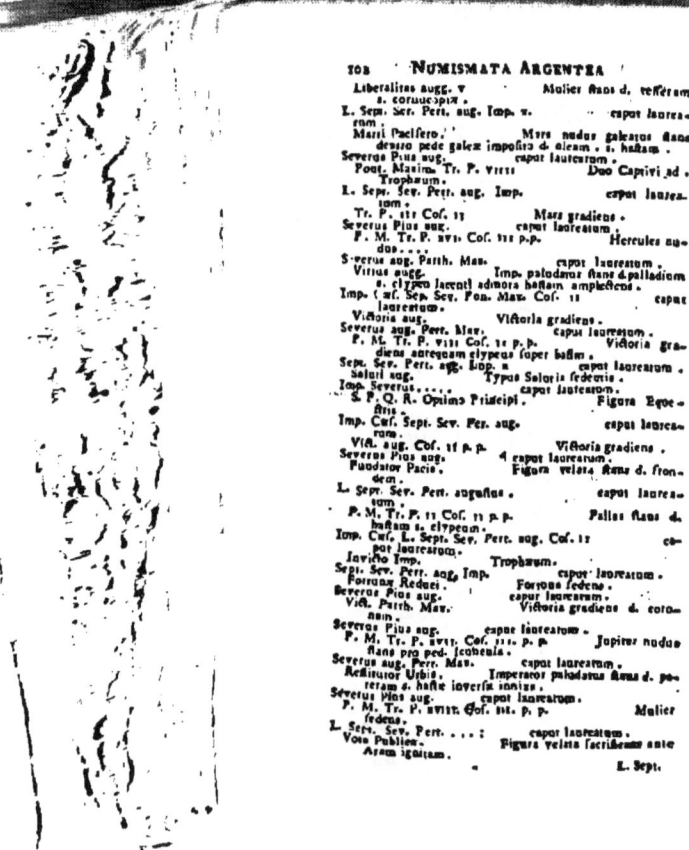

IMPERATORUM ROMANORUM. 103

L. Sept. Sev. Pert. aug. Imp. viii.   caput laureatum.
    Adventus aug. Felicissimo   Imperator
    Eques.
Imp. Caes. L. Sept. Sev. Pert. aug. Cos...   caput
laureatum.
    Moneta augg.   Mulier stans d. bilancem s. cor-
nucopia.
L. Sept. Sev. aug. Imp. xi. Parth. Max.   caput laureatum.
    Victoriae augg. fel.   Victoria ferens clypeum
ante se.
Severus Pius aug.   caput laureatum.
    P. M. Tr. P. xvi. Cos. iii. p. p.   Figura stans d.
patefam super aram s. spicas.
Imp. Caes. L. Sept. Sev. Pert. aug. Cos. ().   caput
laureatum.
    Pietas aug.   Figura velata stans d. pateram su-
per aram.
L. Sept. Sev. Pert. aug. Imp...   caput laureatum.
    Aequitas Publica.   Mulier sedens d. po-
num.
Imp. Sept. Sev. aug. Imp. Pius Parth. Max.   caput
laureatum.
    Aequitati augg.   Typus Aequitatis.
Severus Pius aug.   caput laureatum.
    P. M. Tr. P. xtr. Cos. iiiv. p. p.   Figura nuda
stans d. pateram super aram s. spicas.
Severus Pius aug.   caput laureatum.
    P. M. Tr. P. xvi. Cos. iii. p. p.   Mulier
stans d. pateram super aram s. cornucopia.

JULIA PIA.

Julia Pia Felix augusta.   caput Juliae.
    Diana Lucifera.   Diana stans facem accensam
tenens.
Julia augusta.   caput Juliae.
    Mater Deum.   Cibelles sedens capite turrito inter
duos leones d. ramum oleae, laevo cubito crateras innixa cum hasta transversa.
Julia augusta.   caput Juliae.
    Venus Felix.   Venus seminuda stans, dextra
pomum.
Julia augusta.   caput Juliae.
    Saeculi Felicitas.   Mulier stans pone quam thema
laevo pede prora navis impolito.
Julia augusta.   caput Juliae.
    Pietas augg.   Figura stolata stans ante aram igni-
tam.
Julia augusta.   caput Juliae.
    Saeculi Felicitas.   Mulier stans puerulum laevo
brachio sustinens laevo pede, super proram navis imposita.
Julia Pia Felix. aug.   caput Juliae.
    Venus Genetrix.   Mulier sedens d. pateram s. ha-
stam.
Julia augusta.   caput Juliae.
    Laetitia.   Typus Laetitiae s. cornupam s. thermo-
nem.
Julia Domna.   caput Juliae.

Ve-

204 NUMISMATA ARGENTEA

Veneri Felici.	Venus dextra cubito columnae innixa s. pomum.

CARACALLA.

Antoninus Pius aug. Germ.	caput Caracallae laureatum.
Marti Propugnatori.	Mars stans d. spiculum.
Antoninus Pius aug. Germ.	caput laureatum.
P. M. Tr. P. xvii. Cos. iiii. p. p.	Jupiter seminudus stans d. fulmen sinistra hastam innixa, pro pedibus Aquila.
Antoninus Pius aug. Germ.	caput laureatum.
P. M. Tr. P. xvi. Cos. iiii. p. p.	Figura togata stans d. ramum oleae.
Antoninus Pius aug. Germ.	caput radiatum.
P. M. Tr. P. xviii. Cos. iiii. P. P.	Leo gradiens capite radiato facem ore gestans.
Antoninus Pius aug.	caput laureatum.
Vota suscepta X.	Mulier velata stans d. pateram, pro pedibus ara.
Antoninus Pius Felix aug.	caput laureatum.
Principi Juventutis.	Imperator paludatus, pone quem signum militare.
Antoninus Pius aug.	caput laureatum.
Fides Exercitus.	Fides duo signa militaria amplectens.
Antoninus Pius aug. Brit.	caput laureatum.
Indulg. augg. in Dal.	Mulier insidens sellae curuli s. hastam.
Antoninus Caes. Pont.	caput nudum.
Veneri Felici.	Venus stans d. caduceum.
Antoninus Pius aug.	caput radiatum.
Jovi Conservatori.	Jupiter st. n. d. fulmen, pro ped. Aquila s. hastam duo signa militaria.
Imp. Caes. Antoninus aug.	caput laureatum.
Fides Exercitus.	Mulier sedens ante signum militare.
Imp. Caes. M. Aur. Anton. aug.	caput laureatum.
Pontifex Tr. P. ii.	Figura virilis stans d. globum tenet, super quem Aquila s. hastam, pro pedibus figura sedens.
Antoninus Pius aug. Brit.	caput laureatum.
Moneta aug.	Mulier stans d. bilancem, s. cornucopia.
Antoninus Pius aug.	caput laureatum.
III. Caesars aug.	Figura stans d. coronam s. virgam frondosam, prh) duo pedibus Icunculae.
Imp. Antoninus Pius aug.	caput laureatum.
Victoria aug.	Victoria volitans.
Antoninus Pius aug. Brit.	caput laureatum.
P. M. Tr. P. xvi. Cos. iiii. p. p.	Mulier stans d. pileum s. hastam.

Aq-

IMPERATORUM ROMANORUM. 105

Antoninus Divus aug. caput laureatum.
P. M. Tr. P. xi. Cof. iii. Prop. Eques haste.m
consulens.

PLAUTILLA.
Plautilla augusta. caput Plautillæ.
Concordia augg. Mulier stans d. pateram s. cornucopiæ.
Plautilla augusta. caput Plautillæ.
Venus Victrix. Venus stans d. pomum s. sinistram, sub sinistra clypeus pro pede, scutuola.
Plautilla augusta. caput Plautillæ.
Concordia Felix. Caracalla & Plautilla dextras sibi porrigentes.

GETA.
Antoninus Pius Geta aug. caput Getæ laureatum.
Nobilit. aug. Mulier stans.
P. Sept. Anton. Geta. caput nudum.
Martti Victori. Mars galeatus d. hastam, humeris trophæum.
Antoninus Pius Geta aug. caput laureatum.
Spes Publica. Typus Spei.
P. Septimius Geta Cæs. caput nudum.
Provid. Deorum. Typus Providentiæ stantis.
M. Ant. Antoninus Geta. caput nudum.
Insignmenta Pontificalia.
P. Septimius Geta Cæs. Pont. caput nudum.
Princ. Juventutis. Figura paludata stans d. pilum, pone trophæum.
Anton. Cæs. Pon. caput nudum.
Imperii Felicitas. Mulier stans d. caduceum, s. infantulum.
P. Sept. Geta Cæs. Pont. caput nudum.
Felicitas Publica. Typus Felicitatis stantis.

MACRINUS.
Imp. C. M. Opel. Sev. Macrinus aug. caput Macrini laureatum.
Jovi Conservatori. Jupiter nudus stans d. fulmen.
Imp. C. M. Opel. Sev. Macrinus aug. caput laureatum.
Fides Militum. Mulier stolata stans, utraque manu signum militare.

DIADUMENIANUS.
M. Opel. Diadumenianus Cæs. Caput Diadumeniani nudum.
Princ. Juventutis. Figura paludata stans inter tria signa militaria, quorum unum d. tenet. s. sceptrum.

ELAGABALUS.
Antoninus Pius Fel. aug. caput laureatum.
Concordia Milit. Quatuor signa militaria.
Imp. Antoninus Pius aug. caput laureatum.
P. M. Tr. p. III. Cof. III. p. p. Sol gradiens.
Imp. Antoninus Pius aug. caput laureatum.
P. M. Tr. P. v Cof. iii. p. p. Imp. galeatus stans d. pateram s. scipionem pro pedibus ara, in area Astrum.
Imp.

Numismata Argentea

Imp. Cæs. Antoninus aug. — caput laureatum.
Salus Antonini aug. — Dea Igieia.
Imp. Antoninus aug. — caput laureatum.
Victoria aug. — Victoriæ ingradiens, pro pedibus clypeus.
Imp. Antoninus Pius aug. — caput laureatum.
Libertas aug. — Mulier stans, d. pileum s. Virgam.
Imp. Antoninus Pius aug. — caput laureatum.
Sacerdos Dei Solis Elagab. — Figura stans d. pateram super aram s. iconculam, in area astrum.
Imp. Antoninus Pius aug. — caput laureatum.
Invictus Sacerdos aug. — Imp. stans d. patram super aram s. ramum, in area astrum.

JULIA PAULA.
Julia Paula aug. — caput Paulæ.
Concordia. — Typus Concordiæ sedentis.
Julia Paula aug. — Caput Paulæ.
Venus Genetrix. — Mulier sedens, d. globum s. hastam.

AQUILIA SEVERA.
Julia Aquila Sev. aug. — caput Aquiliæ.
Concordia. — Mulier sacrificans coram aram d. pateram s. duplex cornucopia, in area astrum.

JULIA SOEMIAS.
Julia Soæmias aug. — caput Soæmiæ.
Venus Cœlestis. — Mulier stolata stans, d. pateram s. hastam, in area astrum.
Julia Soæmias aug. — caput Soæmiæ.
Venus Cœlestis. — Mulier sedens, d. pomum s. hastam, ante ipsam puerulus.

JUL. MÆSA.
Julia Mæsa aug. — caput Mæsæ.
Pudicitia. — Mulier sedens faciem velo obtegens, s. hastam transversam.
Julia Mæsa aug. — caput Mæsæ.
Sæculi Felicitas. — Mulier stolata stans d. pateram super aram igniculis s. caduceum, in area astrum.
Julia Mæsa aug. — caput Mæsæ.
Pietas aug. — Mulier velata stans sacrificans ante Aram, d. pateram.

ALEXANDER SEVERUS.
Imp. C. M. Aur. Sev. Alexand. aug. — caput Alexandri laureatum.
Fides Militum. — Fides stans utraque manu signum militare amplectens.
Imp. Sev. Alexander aug. — caput laureatum.
P. M. Tr. P. Cos. — Typus Fortunæ stantis, in area astrum.
Imp. Sev. Alexander aug. — caput laureatum.
P. M. Tr. P. s. Col. p. p. — Jupiter nudus stans d. fulmen s. hastam.
Imp. Sev. Alexander aug. — caput laureatum.
P. M. Tr. P. ... — Imp. paludatus gradiens d. hastam, s. globum.
Imp. Sev. Alexander aug. — caput laureatum.
Providentia Deorum. — Figura stolata stans s. hastam insitam pro pedibus globus.
Imp. Sev. Alexander aug. — caput laureatum.
Pax

IMPERATORUM ROMANORUM. 107

Pax Æterna aug.   Mulier stolata stans s. h. d. x
innixa d. ramum oleæ.
Imp. Cæs. Sev. Alexander aug.   caput laurea-
tum.
P. M. Tr. P. vi Cos. ii p. p.   Mulier gradiens
s. hastam firmate ad pedes confluente.
Imp. Sev. Alexander aug.   caput laureatum.
Virtus aug.   Figura galeata thurace indutus s.
palmam a. hastā ionixā.
Imp. Sev. Alexander aug.   caput laureatum.
Jovi Conservatori.   Jupiter nudus stans u. ful-
men s. hastā ionixā, pro pedibus Icuncula.
Imp. Sev. Alexander aug.   caput laureatum.
P. M. Tr. P. vi Cos. vi p. p.   Mulier stans d.
bilancem s. cornucopiæ.
Imp. Sev. Alexander aug.   caput laureatum.
P. M. Tr. P. xii Cos. iiii...   Mars gra-
diens.
Imp. Sev. Alexander aug.   caput laureatum.
....   Mulier sedens.
Imp. Alexander Pius aug.   caput laureatum.
Æquitas aug.   Typus Æquitatis stantis.
Imp. C. M. Aur. Sev. Alexander aug.   caput lau-
reatum.
P. M. Tr. P. v Cos. ii p. p.   Imp. habitu sacrifi-
cantis d. pateram, pro pedibus ara.
Imp. Sev. Alexander aug.   caput laureatum.
P. M. Tr. P. vii Cos. ii p. p.   Mulier stans
d. hastā inversā innixā s. clypeo juvenili adnixo.
Imp. Sev. Alexander aug.   caput laureatum.
Jovi Statori.   Jupiter Stator.
Imp. Sev. Alexander aug.   caput laureatum.
Victoria aug.   Victoria gradiens d. coronam s.
humero palmum.
Imp. C. M. Aur. Sev. Alexander aug.   caput lau-
reatum.
Annona aug.   Mulier stans ante modium d. spi-
tos s. cornucopiæ.
Imp. C. M. Aur. Sev. Alexand. aug.   caput lau-
reatum.
Annona aug.   Mulier stans sinistro pede proræ
navis imposito d. thronoem globo impositum s. mo-
dium.
Imp. Sev. Alexander aug.   Caput laureatum.
Perpetuitati aug.   Mulier stolata stans d. glo-
bum s. hastam transversam.
Imp. Sev. Alexander aug.   caput laureatum.
P. M. Tr. P. vii Cos. ii p. p.   Mars gladium
d. hastam inversam s. trophæum.
Imp. C. M. Aur. Sev. Alexander aug.   caput
laureatum.
Pax Augusta.   Mulier stans d. ramum oleæ, s.
sceptrum.
Imp. C. M. Aur. Sev. Alexander aug.   caput laureatum.
P. M. Tr. P. iii Cos. p. p.   Imp. paludatus
stans d. galeam s. hastam.

SAL. BARBIA ORBIANA.
Sal. Barbia Orbiana aug.   caput Orbianæ.
Concordia augg.   Mulier sedens d. pateram.

108 NUMISMATA ARGENTEA

JULIA MAMÆA.
Julia Mamæa Aug. — Caput Mamæ.
Venus. — Mulier stans d. pectuulum s. hastam.
Julia Mamea aug. — caput Mamææ.
Juno Conservatrix. — Mulier stolata stans d. pateram s. hastam pro pedibus Pavo.
Julia Mamæa aug. — caput Mamæ.
Vesta. — Mulier stans. d. palladium s. hastam.
Julia Mamæa aug. — caput Mamæ.
Fecund. augusta. — Figura sedens.

MAXIMINUS.
Imp. Maximinus Pius aug. — caput laureatum.
Providentia augusti. — Typus providentiæ.
Imp. Maximinus Pius aug. — caput laureatum.
Victoria aug. — Victoria dexteorsum gradiens.
Imp. Maximinus Pius aug. — caput laureatum.
Salus augusti. — Typus Salutis sedentis.
Imp. Maximinus Pius aug. — caput laureatum.
Fides Militum. — Fides stans duo signa militaria amplectens.
Maximinus Pius aug. Germ. — caput laureatum.
P. M. Tr. P. iiii. Cos. p. p. — Imperator paludatus stans hinc & inde signa militaria.
Maximinus Pius aug. Germ. — caput laureatum.
Providentia aug. — Typus Providentiæ stantis.
Maximinus Pius aug. Germ. — caput laureatum.
Victoria Germ. — Victoria stans d. coronam s. palmam.

MAXIMUS.
Maximus Cæs. Germ. — caput nudum.
Pietas aug. — Vasa Pontificalia.

GORDIANUS AFR. JUN.
Imp. Gord. Afr. Pius aug. — caput laureatum.
Mars Ultor. — Mars gradiens hasta & clypeo.

BALBINUS.
Imp. Cæs. D. Cæl. Balbinus aug. — caput radiatum.
Concordia augg. — Duæ dextræ junctæ.

PUPIENUS.
Imp. C. M. Clod. Pupienus aug. — caput laureatum.
P. M. Tr. P. Cos. ii. p. p. — Typus Felicitatis stantis.
Imp. C. M. Clod. Pupienus aug. — caput laureatum.
Concordia augg. — Mulier sedens d. pateram s. cornucopiæ.

GORDIANUS PIUS.
Imp. Gordianus Pius Fel. aug. — caput laureatum.
Concordia Milit. — Figura stolata sedens d. puerorum s. cornucopiæ.
Imp. Gordianus Pius Fel. aug. — caput laureatum.
Jovi

IMPERATORUM ROMANORUM. 169

Jovi Statori.	Jupiter stans d. hastam inver- sam.	
Imp. Gordianus Pius Fel. aug.	caput radia- tum.	
Laetitia aug. N.	Typus Lae- titiae.	
Imp. Gordianus Pius Fel. aug.	caput radia- tum.	
Saeculi Felicitas.	Imperator paludatus stans d. ha- stam s. globum.	
Imp. Gordianus Pius F. aug.	caput radia- tum.	
S. C. Fortunae Redux.	Typus Fortunae se- dentis.	
Imp. C. M. Ant. Gordianus aug.	caput radia- tum.	
Fides Militum.	Mulier stolata stans d. signum militare s. hastam transversam.	
Imp. Caes. M. Ant. Gordianus aug.	caput radia- tum.	
Virtus aug.	Imperator paludatus stans d. clypeum sinistris admotum s. hastam inversam.	
Imp. Gordianus Pius Fel. aug.	caput radia- tum.	
Felicit. Tempi.	Typus Felicitatis.	
Imp. Gordianus Pius Fel. aug.	caput radia- tum.	
P. M. Tr. P. II. Cos.	Figura stans d. patei- ram, pro pedibus ara.	
Imp. Caes. M. Ant. Gordianus aug.	caput radia- tum.	
Liberalitas augusti II.	Mulier d. tesseram s. cor- nucopiae.	
Imp. Gordianus Pius Fel. aug.	caput radia- tum.	
P. M. Tr. P. IIII. Cos. II. p. p.	Mulier sedens d. ramum s. telin incisa.	
Imp. Gordianus Pius Fel. aug.	caput lau- reatum.	
Saluti augusti.	Typus Salutis stan- tis.	
Imp. Gordianus Pius Fel. aug.	caput laurea- tum.	
Securitas Publica.	Mulier sedens s. columnam innixa.	
Imp. Gordianus Pius Fel. aug.	caput radia- tum.	
Aequitas augusti.	Mulier stans d. bilancem s. cor- nucopiae.	
Imp. Gordianus Pius Fel. aug.	caput radia- tum.	
Aeternitati aug.	Sol dextra elata, s. glo- bum.	
Imp. Gordianus Pius Fel. aug.	caput radia- tum.	
Provid. aug.	Mulier stolata stans d. sceptrum s. hastam pro pedibus globum.	
Imp. Caes. M. Ant. Gordianus aug.	caput radia- tum.	

X Vi-

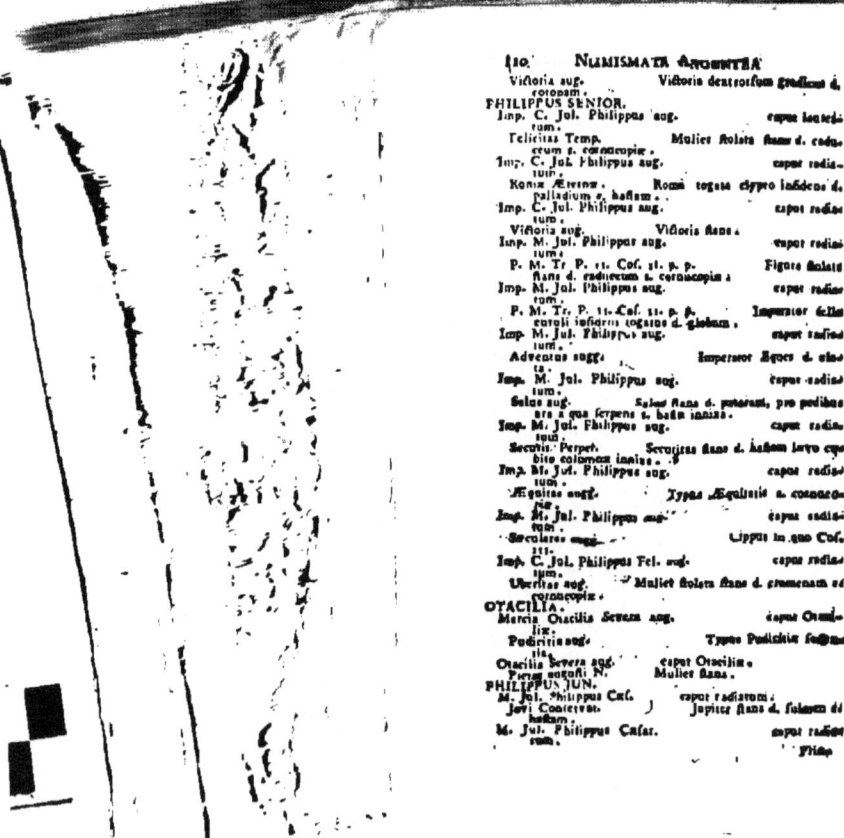

210 NUMISMATA ARGENTEA

Victoria aug.   Victoria dextrorsum gradiens d. coronam.

PHILIPPUS SENIOR.
Imp. C. Jul. Philippus aug.   caput laureatum.
Felicitas Temp.   Mulier stolata stans d. caduceum s. cornucopiæ.
Imp. C. Jul. Philippus aug.   caput radiatum.
Roma Æterna.   Roma togata clypeo insidens d. palladium s. hastam.
Imp. C. Jul. Philippus aug.   caput radiatum.
Victoria aug.   Victoria stans.
Imp. M. Jul. Philippus aug.   caput radiatum.
P. M. Tr. P. II. Cos. II. p. p.   Figura stolata stans d. radiucum s. cornucopiam.
Imp. M. Jul. Philippus aug.   caput radiatum.
P. M. Tr. P. II. Cos. II. p. p.   Imperator sella curuli insidens togatus d. globum.
Imp. M. Jul. Philippus aug.   caput radiatum.
Adventus augg.   Imperator Eques d. elevata.
Imp. M. Jul. Philippus aug.   caput radiatum.
Salus aug.   Salus stans d. patteram, pro pedibus ara e qua serpens s. hasta innixa.
Imp. M. Jul. Philippus aug.   caput radiatum.
Securitas Perpet.   Securitas stans d. hastam loco cubito columnæ innixa.
Imp. M. Jul. Philippus aug.   caput radiatum.
Æquitas augg.   Typus Æqualitatis s. cornucopiæ.
Imp. M. Jul. Philippus aug.   caput radiatum.
Sæculares augg.   Cippus in quo Cos. III.
Imp. C. Jul. Philippus Fel. aug.   caput radiatum.
Uberitas aug.   Mulier stolata stans d. crumenam et cornucopiæ.

OTACILIA.
Marcia Otacilia Severa aug.   caput Otaciliæ.
Pudicitia aug.   Typus Pudicitiæ sedens.
Otacilia Severa aug.   caput Otaciliæ.
Pietas augusti N.   Mulier stans.

PHILIPPUS JUN.
M. Jul. Philippus Cæs.   caput radiatum.
Jovi Conservat.   Jupiter stans d. fulmen sinistra hastam.
M. Jul. Philippus Cæsar.   caput radiatum.
    Filius

IMPERATORUM ROMANORUM.   117

Principi Juventutis.   Figura paludata ftans d gla-
   bium s. scipionem.
TRAJANUS DECIUS.
Imp. C. M. Q. Trajanus Decius aug.   caput radia-
   tum.
Decius.   Figura muliebris ftans d. caput Afininum
   cuatae impofitum.
Imp. C. M. Q. Trajanus Decius aug.   caput ra-
   diatum.
Adventus aug.   Imperator Eques.
Imp. C. M. Q. Trajanus Decius aug.   caput ra-
   diatum.
Genius Excrc. Illyriciaul.   Figura virilis ga-
   leata & paludata ftans, d. pateram s. cornucopia a
   tergo fignum militare.
HERENNIA ETRUSCILLA.
Her. Etruscilla aug.   caput Etruscilla.
Pudicitia aug.   Typus Pudicitia ftan-
   tis.
Q. HERENNIUS.
Q. Her. Etr. Mef. Decius Nob. C.   caput He-
   rennii radiatum.
Concordia augg.   Dux dextræ junctæ.
Q. Her. Etr. Mef. Decius Nob. C.   caput radia-
   tum ;
Principi Juventutis.   Mulier sedens d. ta-
   mum.
Q. Her. Etr. Mef. Decius Nob. C.   caput radia-
   tum.
Pietas augustorum.   Instrumenta Pontifi-
   cum.
HOSTILIANUS.
C. Valens Hostilian. Mef. Quietus N. C.   caput ra-
   diatum.
Principi Juventutis.   Imperator d. fignum militare
   s. hastam inverfam.
TREBON. GALLUS.
Imp. C. C. Vib. Trebon. Gallus P. F. aug.   caput
   radiatum.
Felicitas Publ.   Typus Felicitatis.
Imp. Caf. C. Vib. Treb. Gallus aug.   caput radia-
   tum.
Apoll. Salutari.   Apollo, ftans d. ramum oleæ s.
   cytharæ innixa.
Imp. C. C. Vib. Treb. Gallus aug.   caput radia-
   tum.
Victoriæ augg.   Victoria ftans.
Imp. C. C. Vib. Treb. Gallus aug.   caput ra-
   diatum.
Uberitas aug.   Mulier ftans d. crumenam s. cornu-
   copiæ.
Imp. C. Caf. Vib. Treb. Gallus aug.   caput ra-
   diatum.
Libertas augg.   Typus Libertatis ftan-
   tis.
Imp. C. Vib. Treb. Gallus aug.   caput radia-
   tum.
Libertas Publica.   Typus Libertatis ftantis.

K 2   VO-

NUMISMATA ARGENTEA

VOLUSIANUS.
Imp. Cæs. Vib. Volusiano aug. — caput radiatum.
Junoni Martiali. — Templum in cujus medio Figura sedens.
Imp. Cæs. C. Vib. Volusiano aug. — caput radiatum.
Pietas augg. — Mulier velata coram ara manibus extentis.
Imp. Cæs. C. Vib. Volusiano aug. — caput radiatum.
Virtus augg. — Imperator paludatus stans s. hastam.
Imp. Cæs. C. Vib. Volusiano aug. — caput radiatum.
Salus augg. — Mulier velata stans...

ÆMILIANUS.
Imp. Cæs. Æmilianus P. F. aug. — caput radiatum.
Erculi Victori. — Hercules nudus stans d. claræ innixus s. sustinet leonis exuvias.

VALERIANUS.
Imp. C. p. Lic. Valerianus P. F. aug. — caput radiatum.
Oriens aug. — Figura Solis d. elevata.
Imp. C. P. Lic. Valerianus aug. — caput radiatum.
Vota Urbis. — Duæ Victoriæ scribentes in clypeo S. C. palmæ arbori appenso.
Imp. C. p. Lic. Valerianus aug. — caput radiatum.
Securit. Perpet. — Mulier stans d. hastа innixa.
Imp. C. p. Lic. Valerianus aug. — caput radiatum.
Oriens augg. — Sol stans capite radiato d. elata g. globum.
Imp. C. p. Lic. Valerianus aug. — capite radiato.
Consecratio. — Ara ignita.
Imp. p. Lic. Valerianus aug. — caput radiatum.
Felicitas aug. — Typus Felicitatis.
Imp. C. Cæs. Valerianus P. F. aug. — caput radiatum.
Restitutor Orientis. — Imperator stans d. figuram elevans s. hastam.
Imp. C. p Lic. Valerianus aug. — caput radiatum.
Victoria augg. — Victoria stans.
Imp. C. p. Lic. Valerianus aug. — caput radiatum.
Jovi Conservatori. — Jupiter stans.
Imp. C. p. Lic. Valerianus P. F. aug. — caput radiatum.
Apollini Confer. L. — Apollo nudus stans d. ramum s. cytharam.

IMPERATORUM ROMANORUM.

Imp. Valerianus P. F. aug.	caput radiatum.
. . . . .	Victoria flans d. coronam s. pal‑ mam.

MARINIANA.

Diva Mariniana.	caput Marinianæ.
Consecratio.	Pavo ferens Marinianæ animam
in cœlum.	
Diva Mariniana.	caput Marinianæ vela‑ tum.
Consecratio.	Pavo cauda expansa.

GALLIENUS.

Gallienus P. F. aug.	caput radia‑ tum.
Germanus Maxi.	Duo Capriel ad Tro‑ phæum.
Imp. Gallienus aug.	caput radiatum.
Pietas aug.	Instrumenta Pontiff.
calis.	
Gallienus august.	caput radiatum.
Providentia aug. P. 21.	Typus Providen‑ tiæ.
Gallienus aug.	caput radiatum.
Spes Publica.	Typus Spei.
Gallienus P. F. aug.	caput radiatum.
Virtus aug.	Figura virilis stans d. hastam a‑ clypro admota.
Gallienus aug.	caput radiatum.
Oriens aug.	Sol capiti radiato a. glo‑ bum.
Gallienus aug.	caput radiatum.
Leg. IV. FL. VI. P. VI. P.	Leo.

SALONINA.

Saloninæ aug.	caput Soloninæ.
Juno Regina.	Mulier velata stans d. pateram s. hastam.
Salonina aug.	caput Soloninæ.
Venus Genetrix.	Mulier stolata stans, d. Icuncu‑ lam s. hastam pro ped. puerulus.
Salonina aug.	caput Soloninæ.
Vesta Fel.	Mulier stans d. pateram s. ft. vem.
Salonina aug.	caput Soloninæ.
Concordia aug.	Concordia sedens.
Salonina aug.	caput Soloninæ.
Venus aug.	Mulier stans.

SALONINUS.

Imp. Cæs. Valeriano.	caput radia‑ tum.
Consecratio.	Ara.

VALERIANUS JUNIOR.

Valerianus aug.	caput radia‑ tum.
Jovi Crescenti.	Puer insidens Capræ.
Divo Valeriano Cæs.	caput radia‑ tum.
Consecratio.	Aquila volitans animam Valeriani ad cœlum sustollit.

POSTUMUS.

Imp.

214 NUMISMATA ARGENTEA, &c.

Imp. C. Postumus Pius aug.   caput radiat
   tum.
  Victoria aug.   Victoria stans, pro pedibus captivus.
Imp. C. Postumus P. F. aug.   caput radiatum.
  Salus Provinciarum.   Rheni bicornis simulacrum
   humi procumbens.
Imp. C. Postumus P. F. aug.   caput profile.
   tum.
  Laetitia aug.   Navis.

F I N I S.

www.ingramcontent.com/pod-product-compliance
Lightning Source LLC
Chambersburg PA
CBHW031402160426
43196CB00007B/860